MÁRIO DE ANDRADE
INDA BEBO NO COPO DOS OUTROS

Organização, seleção e apresentação
YUSSEF CAMPOS

MÁRIO DE ANDRADE
INDA BEBO NO COPO DOS OUTROS

POR UMA ESTÉTICA MODERNISTA

COLETÂNEA

autêntica

Copyright da organização © 2022 Yussef Campos

Todos os direitos reservados pela Autêntica Editora Ltda. Nenhuma parte desta publicação poderá ser reproduzida, seja por meios mecânicos, eletrônicos, seja via cópia xerográfica, sem a autorização prévia da Editora.

EDITORAS RESPONSÁVEIS
Rejane Dias
Cecília Martins

REVISÃO
Aline Sobreira

CAPA
Diogo Droschi (sobre autorretrato de Mário de Andrade, Sombra minha, *1927)*

DIAGRAMAÇÃO
Waldênia Alvarenga

Dados Internacionais de Catalogação na Publicação (CIP)
(Câmara Brasileira do Livro, SP, Brasil)

Andrade, Mário de, 1893-1945
 Inda bebo no copo dos outros : por uma estética modernista / Mário de Andrade ; organização, seleção e apresentação Yussef Campos. -- Belo Horizonte : Autêntica, 2022.

 ISBN 978-65-5928-130-5

 1. Andrade, Mário de, 1893-1945 2. Coletânea - Miscelânea 3. Modernismo (Literatura) - Brasil 4. Semana de Arte Moderna (1922 : São Paulo, SP) I. Campos, Yussef. II. Título.

 21-95382   CDD-869.9004

Índice para catálogo sistemático:
1. Modernismo : Século 20 : Literatura brasileira 869.9004

Aline Graziele Benitez - Bibliotecária - CRB-1/3129

Belo Horizonte
Rua Carlos Turner, 420
Silveira . 31140-520
Belo Horizonte . MG
Tel.: (55 31) 3465 4500

São Paulo
Av. Paulista, 2.073 . Conjunto Nacional
Horsa I . Sala 309 . Cerqueira César
01311-940 . São Paulo . SP
Tel.: (55 11) 3034 4468

www.grupoautentica.com.br
SAC: atendimentoleitor@grupoautentica.com.br

Sumário

7 **Apresentação nada interessantíssima**
Yussef Campos

11 **Mestres do passado**
11 I – Glorificação
16 II – Francisca Júlia
25 III – Raimundo Correia
34 IV – Alberto de Oliveira
46 V – Olavo Bilac
60 VI – Vicente de Carvalho
70 VII – Prelúdio, coral e fuga

79 **Prefácio interessantíssimo**

97 **A escrava que não é Isaura**

165 *Klaxon*

Apresentação nada interessantíssima

Em 2022, a Semana de Arte Moderna completa 100 anos. Na intenção de comemorar, este livro reúne obras dispersas de Mario de Andrade, já de domínio público, coligidas pela primeira vez. São textos que se inserem no contexto da Semana e de seus antecedentes. O próprio polímata disse: "bem poderíamos em 2022 celebrar o 1º Centenário de nossa independência literária" (*Klaxon*, n. 8-9, dez. 1922-jan. 1923).

Tratam, principalmente, de debates e reflexões de Mário de Andrade sobre a estética artística denominada modernista. O pensamento estético de Mário, ou uma tentativa de se pensar a esse respeito, em sua gênese, pode ser assim apresentado:

> Embora não tenham nascido como "manifestos" *strictu sensu*, tanto o "Prefácio interessantíssimo", redigido, [...] por sugestão de Monteiro Lobato ao livro *Pauliceia desvairada*, quanto "A escrava que não é Isaura", textos de Mário de Andrade datados de 1922, constituíram as primeiras tentativas de fundamentação do modernismo que, até aquele momento, ainda não formulara um projeto estético próprio. A pretexto de explicar seu livro de versos em homenagem à cidade, no célebre "Prefácio" Mário acaba por instituir parâmetros para a transformação do fazer poético que, a seu ver, estava muito defasado.[1]

---

1 CAMARGOS, Márcia. *Semana de 22*: entre vaias e aplausos. São Paulo: Boitempo Editorial, 2003. p. 167. (Coleção Pauliceia). A autora é

Ou, como ensina Aracy Amaral:

> Uma palestra sobre estética pronunciada no Municipal naqueles dias tumultuados foi a de Mário de Andrade, à tarde do dia 15 [de fevereiro de 1922], quarta-feira, intitulada "A escrava que não é Isaura". Anunciada por Menotti [Del Picchia] de forma provocante, como: "Mário de Andrade, o diabólico, dirá coisas infernais sobre as alucinantes criações dos pintores futuristas, justificando as telas que tanto escândalo e tanta grita têm causado no *hall* do Municipal. Só isso valeria a noitada" [...].
>
> Na verdade, foram as primeiras ideias divulgadas, posto que em forma de reflexões já o tinham sido, pelo próprio Mário de Andrade, no "Prefácio interessantíssimo", da *Pauliceia desvairada*, escrito, segundo a dedicatória, a 14 de dezembro de 1921, embora o livro só saísse no decorrer de 1922.[2]

E completa: "Mas, o ensaio de Mário de Andrade, 'A escrava que não é Isaura' – publicado em janeiro de 1925 –, deve, provavelmente, ser um desenvolvimento dessa palestra da Semana, constituindo uma das primeiras tentativas de formulação de ideias estéticas modernas em nosso país, já nele incluídos os mais jovens poetas, de Manuel Bandeira, Luiz Aranha a Sérgio Milliet, dos nossos, entre outros".[3]

---

jornalista e doutora em História Social pela Universidade de São Paulo (USP). Autora de *Villa Kyrial: crônica da Belle Époque paulistana* (2001) e *Monteiro Lobato: furacão na Botocúndia* (1997).

[2] AMARAL, Aracy A. *Artes plásticas na Semana de 22*. 5. ed. rev. e amp. São Paulo: Editora 34, 1998. p. 205. Aracy A. Amaral é historiadora de arte, professora titular aposentada da USP e publicou, entre outros, *Tarsila: sua obra e seu tempo* (1975) e *Blaise Cendrars no Brasil e os modernistas* (1970).

[3] AMARAL. *Artes plásticas na Semana de 22*, p. 207.

Para Eduardo Jardim: "Já desde o modernismo debutante, no início dos anos 1920, como nas crônicas sobre os *Mestres do passado*, nos comentários sobre música feitos para *Klaxon* e em *A escrava que não é Isaura* [...], é possível encontrar teses de filosofia da arte abrangentes, que já definem suas preocupações centrais sobre o assunto".[4]

Assim, o livro será organizado da seguinte forma, com textos originalmente publicados em revistas, jornais, periódicos e livros: "Mestres do passado" – I –"Glorificação", II – "Francisca Julia", III – "Raimundo Correia", IV – "Alberto de Oliveira", V – "Olavo Bilac", VI – "Vicente de Carvalho", VII – "Prelúdio, coral e fuga" (*Jornal do Comércio*, São Paulo, 2, 12, 15, 16, 20 e 23 ago., 1 set. 1921);[5] "'Prefácio interessantíssimo'" (de *Pauliceia desvairada*, 1922);[6] "'A escrava que não é Isaura'" (1922),[7] publicado em janeiro de 1925; textos do autor na revista modernista *Klaxon* (1922).

Esta apresentação se justifica somente para esclarecer a reunião dos textos. Como é a única parte não escrita por Mário, é a mais desinteressante. Todas as possibilidades de título para este livro que passaram por minha cabeça foram versos ou trechos de textos do próprio Mário. Entre eles, "Trêmulos uns lábios, úmidos uns olhos, palpitante um coração"; "Costumo andar sozinho"; "Inda bebo no copo

---

[4] JARDIM, Eduardo. A estética de Mário de Andrade. *In*: FABRIS, Annateresa (Org.). *Modernidade e modernismo no Brasil*. 2. ed. rev. Porto Alegre: Zouk, 2010. p. 123.

[5] Obra de apoio: BRITO, Mário da Silva. *História do modernismo brasileiro: antecedentes da Semana de Arte Moderna*. 3. ed. Rio de Janeiro: Civilização Brasileira, 1971. p. 252-309.

[6] Obra de apoio: ANDRADE, Mário de. *Poesias completas*. Edição crítica de Diléa Zanotto Manfio. Belo Horizonte: Itatiaia; São Paulo: Editora da Universidade de São Paulo, 1987.

[7] Obra de apoio: ANDRADE, Mário de. *A escrava que não é Isaura: discurso sobre algumas tendências da poesia modernista*. Rio de Janeiro: Nova Fronteira, 2010.

dos outros"; "Antítese: genuína dissonância"; "Escrevo brasileiro"; "Primitivos duma era nova"; "Alumiar"; "Farauto". De alguma forma, todos têm seu apelo modernista, todos são interessantíssimos. Mas creio que *Inda bebo no copo dos outros* é uma provocação que poderia vir não só do próprio autor, como também do movimento e do evento dos quais foi protagonista, assim como o autorretrato de M. A., intitulado *Minha sombra* e que ilustra a capa desse livro, pode ser lido como uma metonímia da obra marioandradiana.

Boa leitura!"

Yussef Campos

Referências

AMARAL, Aracy A. *Artes plásticas na Semana de 22*. 5. ed. rev. e amp. São Paulo: Editora 34, 1998.

ANDRADE, Mário de. *A escrava que não é Isaura: discurso sobre algumas tendências da poesia modernista*. Rio de Janeiro: Nova Fronteira, 2010.

ANDRADE, Mário de. *Poesias completas*. Edição crítica de Diléa Zanotto Manfio. Belo Horizonte: Itatiaia; São Paulo: Editora da Universidade de São Paulo, 1987.

BRITO, Mário da Silva. *História do modernismo brasileiro: antecedentes da Semana de Arte Moderna*. 3. ed. Rio de Janeiro: Civilização Brasileira, 1971.

CAMARGOS, Márcia. *Semana de 22: entre vaias e aplausos*. São Paulo: Boitempo Editorial, 2003. p. 167. (Coleção Pauliceia).

JARDIM, Eduardo. A estética de Mário de Andrade. *In*: FABRIS, Annateresa (Org.). *Modernidade e modernismo no Brasil*. 2. ed. rev. Porto Alegre: Zouk, 2010. p. 123-134.

Mestres do passado

Puis tout se fige. Les glaces
s'étendent, les mers en sont envahies
et le ciel les charrie

Blaise Cendrars (futurista)
La fin du monde (1919)

I
Glorificação[8]

O último escândalo literário, proveniente da publicação dumas poesias de tendência modernista por Oswald de Andrade, trouxe-me o nojo de ver a leviandade com que geralmente as penas correm sobre o papel. Diante dum ataque tão incisivo e ateu às teorias poéticas assinaladas como únicas e exatas, não só pelos nossos críticos, como pelos exemplos da geração chamada parnasiana, era natural que os herdeiros e talvez representantes dessa passada geração se erguessem; e decididos, corajosos, tentassem reconquistar essa outra Helena – a Poesia, – roubada pelos troianos da nova estética.

"Oh! mentiroso sonho! vai até as naves rápidas dos Acaios. Penetra na tenda de Agamenão e diz-lhe fielmente minha ordem. Que ele arme a multidão dos Acaios cabeludos, pois que se apoderará da cidade das largas ruas dos Troianos. Os Imortais que habitam as paragens olímpicas,

---

[8] ANDRADE, Oswald de. Questões de arte. *Jornal do Comércio*, São Paulo, 25 jul. 1921; ANDRADE, Mário de. Mestres do passado – I: Glorificação. *Jornal do Comércio*, São Paulo, 2 ago. 1921. (N.E.)

não estão mais divididos entre si, pois Hera com as suas súplicas a todos convenceu; e as calamidades estão suspensas sobre os troianos."

Houve de fato reação. Mas que de inexatidões! que de injustiças! que de perversidades! A luta pudera ser bela e nobre: não foi mais que um acervo de leviandades, mentiras e baldões. – E seja dito por amor da justiça e honra nossa – sob o ponto de vista exclusivamente literário, as leviandades estiveram mais conosco, mas não os baldões nem as mentiras.

Mas esse escândalo trouxe-me um benefício: despertou-me novamente no espírito a ideia de escrever umas linhas sobre os poetas parnasianos do Brasil. Linhas de crítica? Talvez. Impressões sinceras, verdades em que acredito, soluções a que eu atingi pela comovida, carinhosa leitura desses Mestres do Passado. Não se trata aqui de repassar, um por um, todos os filhos da geração poética parnasiana, de escorchá-los, autopsiá-los, dissecá-los, deixando-os sem vida nem alma… Acho ridículos esses críticos – roedores que tão por miúdo escarafuncham a obra dum poeta; tanto a desenredam das influências e das fontes matrizes de inspiração; tanto a embandeiram de belezinhas minúsculas e incessantes; tanto a despem de nugas sutis, que nada fica, nada: nem um verso mais onde o pensamento se detenha, nem uma poesia com força bastante para deixar trêmulos uns lábios, úmidos uns olhos, palpitante um coração.

Também não pretendo estudar todos os parnasianos; muito menos aqueles, vivos ainda e moços, que, duma maneira ou de outra, são os pobres herdeiros perdulários dos Mestres do Passado. Serão cinco: Raimundo, Francisca Júlia, Olavo, Alberto, Vicente de Carvalho.

O último tem uma relação muito tênue como parnasianismo; e francamente, se o incluo no grupo dos cinco, é muito mais pelo bem que desejo dele dizer. Tenho certeza de que ao autor das "Palavras ao mar" pouco esse bem lhe importará; importa-me a mim que sou livre e sou feliz.

Assim: reli cuidadoso toda essa coleção de livros magníficos – projetores de luz sobre a minha infância de estudos literários. Que lindos, posto que envelhecessem! Conservam-se belos, não porque sejam arte, mas porque são belos. Além disso muitos dos versos parecem conservar a frescura proveniente da sinceridade, do carinho, da ilusão que os ditou.

Porém é claro: não me pus a reler essas obras parnasianas com a alma vária, pueril e fantástica, correspondente ao meu tempo, mas fui buscar, dentre as minhas muitas almas, aquela que construí para entender a geração parnasiana. Todo homem afeiçoado a leituras diversíssimas, acostumado a viajar, cheio de simpatia e desejo de aprender, pelos vários climas literários, crente infantil da sinceridade dos poetas, cria dentro de si um corimbo de almas diferentes, das quais se serve à medida que passa de um a outro autor de tendências dissemelhantes. Só a visão estreita, a escravização ignóbil dos que se ilharam numa escola permite a ignorância infecunda dos que têm uma alma só, paupérrima e impiedosa. Ouvi repetir a exclamação de um poeta, lido em "Banville e Mendès gloriosos", que nunca teria assinado um verso de Camões! Burro.

Pois, para reler os parnasianos, fui vestir a minha alma parnasiana. Subi ao sótão cheio de macaquinhos, que existe cá dentro de mim; não sei se fica no coração ou no espírito, porque arte deve ter tanto de inteligência como de coração. Deve ser intelectual, para realizar um Belo capaz de se opor ao da natureza; deve provir do sentimento, para se aproximar da vida e ser uma extrinsecação consoladora das sensações.

Mas, lá no sótão, abri uma gaveta de cômoda larga, jacarandá maciço, negra, assaz poenta; e, abandonando a alma de fogo e flores de estufa, gasolina e asas de aeroplano (não sei se me compreendem…) que é a minha alma contemporânea e alimento com o meu sangue e minhas células atuais, revesti-me pomposamente com a armadura de oiro e marfim da minha alma parnasiana.

Que peso a me parar o pensamento; a me tolher os membros! Que frio a me congelar o coração!... Porém, o movimento cadenciado dos versos aqueceu-me breve; os ritmos estatuares moveram-me os braços em gestos artificiais de heroicidade e comoção; e temas pseudopoéticos fizeram viajar meu espírito por terras que não piso, deparar vidas que não apareceram nunca no meu caminho; retroceder para tempos que a minha ânsia não espera – mas lindas terras espetaculosas, vidas de milagre, tempos bem melhores!

Agradecido então, e genuflexo, levantei minha voz mais musical, num hosana grandíloquo de glorificação aos Mestres do Passado; que tão honestamente cumpriram o seu dever de poetas, gloriosamente sustentaram a língua e patrioticamente, muito mais que os figurões da República, fizeram com que eu e meus irmãos acreditássemos nas promessas e possibilidades da nossa terra natal.

Ó Mestres do Passado, eu vos saúdo! Venho depor a minha coroa de gratidões votivas e de entusiasmo varonil sobre a tumba onde dormis o sono merecido! Sim: sobre a vossa tumba, porque vós todos estais mortos! E se, infelizmente para a evolução da poesia, a sombra fantasmal dalguns de vós, trêmula, se levanta ainda sobre a terra, em noites foscas de sabat, é que esses não souberam cumprir com magnificência e bizarria todo o calvário do seu dever! Deveriam morrer! Assim o conclama, na marcha fúnebre das minhas lágrimas, a severa Justiça que não vacila e com a qual vos honro e dignifico! Deveriam morrer! A vida vegetal a que se agarraram, não se coaduna com o destino dos muezins duma arte do tempo incessante, dos troveiros alados, dos cortesãos da Beleza fugitiva!...

Vivos alguns, embora! despejo sobre vós, ó Mestres do Passado, os aludes instrumentais do meu réquiem; e acendo junto à cruz dos vossos monumentos, sobre os vossos crânios vazios, a fogueira da consagração contemporânea!

Fostes grandes, guardando a Língua ou cantando a Pátria, embora fôsseis mesquinhos na macaqueação do almofadismo francês, monótono e gelado! Fostes nababos da loquacidade e perdulários da grandeza, quando a sapiência imota do modelo tornava inatingível para vós, não porque vos faltasse o famigerado *beneditismo*, mas porque vos faltava cultura! Não acredito fosse a ardência das vossas veias tropicais que vos proibiu a construção de troféus ou poemas antigos – essa impossibilidade proveio muito mais da falta duma larga instrução anterior e da incerteza com que entráveis no panteão das línguas mortas e enterradas! Mas fostes nobres, pois, em vez de calcardes vossos poemas, já paráfrases dum segundo autor, sobre o conto dum terceiro, (como fez um dos vossos degenerescendentes, irrequieto e alaridal), preferistes enroupar nas pelúcias duma formosura paradoxal a desnuda magreza da vossa educação! Nem todos estudaram a química para a fábrica dos gelos artificiais: mas não há ninguém no mundo que não saiba, correndo, de novo acordar em si o colorido e o calor.

Fostes gloriosos, porque soubestes, embora escravizados pelo preconceito, cultuar com valentia a natureza, o sonho e a juventude! Sem dúvida não tivestes a grandeza divina dos que se elevam do chão para, dos astros e dos intermúndios, riscar sobre a terrinha o roteiro das multidões! Não tivestes a sabedoria e o gênio dos plasmadores da consciência cósmica: nem Aristóteles, nem Santo Tomás, nem Homero, nem Dante, nem Shakespeare, nem Goethe; mas é também glorioso aquele que, não possuindo greda bastante para esculpir o coração do universo, sabe entretecer a guirlanda florida que perfuma e consola um período e uma nação!

Hosana! Glória e glória aos Mestres do Passado! Que a minha voz oracular inunde o espaço, como um sino a cantar aleluias, num reconhecimento aos parnasianos calmos. O português de bronze em vossas mãos transformou-se num mármore pentélico ou num loiro marfim, mais pálido que Adrasto! Captastes na mobilidade nervosa da língua, a formosura dos Alcides e das Vênus! Fostes desenterrar, para além do século humano de Scopas, a perfeição das amazonas de Policleto ou do Hermes praxiteliano! Preferistes, ó bandeirantes da beleza pasma! os ídolos puríssimos de Fídias e as linhas sem pecado do Partenon às torturas irregulares do Laocoonte, aos olhos quebrados de Demétria ou à desregrada virtuosidade que há nos planejamentos da Vitória de Samotrácia!

Cumpristes plenamente o destino fecundo que Deus vos reserva! E nos infernos, onde, à sombra dos maiores, agora descansais da árdua rota vencida, sorride a relembrar vossos dias extintos, em que cardando a luz do Cruzeiro do Sul, bordastes no oiro dos versos estelares o coturno do Sonho e o flame da Ilusão!

II
Francisca Júlia[9]

> *[...] and the land was barren Full of fruitless women and music only.*
> *Ballads* – Swinburne

> *Hélas, on a oublié le pain. Cette fantasie magique est cruelle comme la volonté. IIs ont oublié le pain.*
> G. Apollinaire

---

[9] ANDRADE, Mário de. Mestres do passado – II: Francisca Júlia. *Jornal do Comércio*, São Paulo, 12 ago. 1921. (N.E.)

De todos os cinco grandes nomes que escolhi, pertencentes à geração parnasiana, Francisca Júlia foi a de menos inspiração. Aliás nem há ofensa nisto. Ela mesma negou-se à sensibilidade, ao lirismo, à comoção, que impulsiona e exalta o poeta e frutifica em produções caridosamente transmissoras ou de advertências (sem cheiro catedrático) ou de consolações, quando preferiu à poesia o assunto poético, e ao lirismo a Beleza:

> Musa! um gesto sequer de dor ou de sincero
> Luto jamais te afeie o cândido semblante!
> Diante de um Job, conserva o mesmo orgulho, e diante
> De um morto, o mesmo olhar e sobrecenho austero;

Ou ainda quando depois de pedir à Musa o hemistíquio de ouro, a imagem atrativa, a rima de som crebro!, e a estrofe limpa e viva, pede-lhe mais:

> Leva-me longe, ó Musa impassível e branca!
> onde, num longo olhar, eu possa ver contigo,
> passarem, através das brumas seculares,
> os Poetas e os Heróis do grande mundo antigo!

E a Musa bondosa de Francisca Júlia tudo isso lhe concedeu... em excesso. Só uma coisa não lhe permitiu: que visse através da fantasmagoria movediça e comovente das brumas seculares os poetas e os heróis do grande mundo antigo. Francisca Júlia os viu a todos, no "claro sol amigo dos heróis" demasiadamente perto; não vivos, infelizes, palpitantes, mas estarrecidos, gelados, marmorizados, num grande friso, mais longo que o do purgatório dantesco. Viu-os assim (ingrata Musa!) e conseguiu, na paciência dos seus lazeres femininos, reproduzi-los, fotografá-los em versos perfeitos.

Há nos seus sonetos caracteristicamente parnasianos, quadras, tercetos, versos iguais e mesmo preferíveis, pela sonoridade maravilhosa da nossa língua, aos melhores versos do parnasianismo parisiense.

O famigerado soneto "Os argonautas" é de fato duma beleza extraordinária embora enodoe-lhe a perfeição aquele horripilante *"cheville"*

> Querem também possuir tesouros e riquezas
> Como essas naus que têm galhardetes e mastros.

Pode-se porém desculpar o verso. Francisca Júlia seguiu talvez a lição de Castilho que aconselhava deixar nos poemas versos inferiores para melhor sobressaírem os ótimos.

Talvez... Poderemos fazer essa concessão à "Profissão de fé" da poetisa. A Profissão (bela e corretamente perfeita) tem só 28 versos; ora, em 28 versos não se pode dizer tudo o que se quer. Os homens querem tantas coisas!... Mas "Os argonautas" não é o soneto que, parnasianamente falando, prefiro. Outros há ainda mais perfeitos.

A "Dança de centauras", duma beleza sublime:

> Patas dianteiras no ar, bocas livres dos freios,
> Nuas, em grita, em ludo, entrecruzando as lanças,
> Ei-las, garbosas vêm, na evolução das danças
> Rudes, pompeando à luz a brancura dos seios.
>
> A noite escuta, fulge o luar, gemem as franças;
> Mil centauras a rir, em lutas e torneios,
> Galopam livres, vão e vêm, os peitos cheios
> De ar, o cabelo solto ao léu das auras mansas.
>
> Empalidece o luar, a noite cai, madruga...
> A dança hípica para e logo atroa o espaço
> O galope infernal das centauras em fuga;
>
> É que, longe, ao clarão do luar que empalidece,
> Enorme, aceso o olhar, bravo, do heroico braço,
> Pendente a clava argiva, Hércules aparece...

O autor dos Troféus poderia roer as unhas de inveja e escabujar vencido pelo reconhecimento da sua inferioridade de artífice, se não tivesse a felicidade, o arranco de comoção lírica divina, de fazer Marco Antônio, debruçado sobre a filha de Auletes, descobrir-lhe nos olhos

Toute une mer immense où fuyaient des gallères.

Tenho firmemente a convicção de ser este o mais sublime verso que o parnasianismo produziu. Mas não é sublime só porque seja belo mas porque é arte. Há nele, além da Beleza, a comoção, o símbolo, a verdade dos arrependimentos, dos remorsos, e das covardias; sente-se-lhe no interior, espumejando em cachões larguíssimos, toda uma história de humanidade, castigada pelo amor. É um Verso-Sêmen, com o qual Heredia subiu acima de Heredia.

O desastre é a "Dança de centauras" lembrar como um fabordão impertinente e acabrunhador para o nosso patriotismo de paulistas, os sonetos "Centaures e lapithes" e "Fuite de centaures"!… Mas, que importa, os 28 versos do francês não valem os 14 da paulista! Demais a poetisa bicou a ideia (que afinal é de todos, porque lá está nos livros clássicos). Transformou-a, melhorou-a e fez um lindo, lindo poema.

Agora está muito em moda dizer que os poetas não copiam… inspiram-se. Raimundo bicou Metastásio no "Mal secreto", bicou Gautier nas "Pombas", bicou, (talvez), Luís Delfino, no "Eviterno amor"… Inspirou-se. O Sr. Vicente de Carvalho arranhou Camões no "Eu cantarei de amor…" e o confessa… Inspirou-se. O Sr. Martins Fontes roeu Dante, Bilac, Flaubert, que sei lá… Diz o Sr. Aristeu Seixas que isso é inspirar-se. Inspirou-se. Eu mesmo… Mas a minha modéstia não me obriga a falar de mim; e o meu orgulho ordena à minha sinceridade de calar-se… Francisca Júlia inspirou-se. Inspiração legítima, proclamo, sincero e convencido. Inspiração legítima a dela… e a minha. Aliás, se me permitirem citarei Max Jacob (futurista). Confesso: tenho um prazerzinho em citar os moderníssimos, pois vou tratando dos moderníssimos de trasanteontem. Diz ele: "*Tous les poètes sont des pillards, et Luzel était un poète; mais tous les pillards ne sont pas des poètes, hélas!*".

Seria preciso, pois que citei dois sonetos belíssimos, lembrar outros em que a perfeição atingiu igual ou quase igual medida… "A ondina" com um levíssimo senão apenas; "Vênus" do mais arquigelado parnasianismo; "Sonho africano" – o "Banzo" da escritora, cujos tercetos são admiravelmente sugestivos, qualidade rara na sua obra; "A noite", dedicado a Wenceslau de Queiroz; "A um artista…".

O soneto "Em Sonda" é um caso curioso na obra da poetisa, pela vida que encerra, pelo movimento que ela conseguiu dar à luta entre o búfalo e a serpente. Descrição concisa, forte, rápida, onde Francisca Júlia se apossa do processo descritivo do quinto canto de Dante. O mesmo desencadear veloz dos fatos; um relâmpago de luz sobre a cena, para a visão do minuto terrível e nada mais. Apenas é preciso pôr as coisas nos seus lugares: Dante era poeta, e escrevendo com alma os seus versos lançou as frases, rápidas, imprecisas, pouco se lhe dando, no grafar o estado da alma que o sacudia, ficasse tudo bem compreensível, bem clarinho. Dante, como todos os verdadeiros líricos, tinha a adorável inconsciência ou inocente egoísmo de imaginar que todos os homens seriam como ele, capazes de o entender, seguir-lhe-iam claramente a evolução do espírito… Seria ridículo um poeta genuíno, no momento lírico da inspiração, procurar cuidadosamente fazer-se compreender, tomando para dosagem da sua poesia o conta-gotas da estupidez universal! Não é verdade, ó Dante da Francesca! ó Goethe do segundo Fausto! ó Shakespeare do Hamlet!…

Se o ignorado Salomão, no enlevo místico que lhe fez escrever o símbolo da Sulamita, imaginasse a inteligência carnal que dos seus versos teriam os homens do século XX, sobrestinha o impulso alado, e deixando, em triste romagem, os portais dos seus palácios, desceria das alturas de Sião, atravessaria Akra, sairia da cidade pela porta de Damasco e, litúrgico e só, iria sepultar os seus músicos versos simbólicos junto às cinzas cantantes do pai David.

Dante, como todo poeta, escreveu liricamente a fala de sua Francesca; Francisca Júlia, embora empregue o mesmo processo estilístico, como todos os parnasianos: leciona. Dante: sente-se; Francisca Júlia: compreende-se. E o que ela imaginou mesmo como síntese da poesia, foi a clareza, a fotografia nítida de modo a todos compreenderem: os homens-poetas e os homens-burros. Conseguiu.

Mas não vão dizer que a comparação peca pela base; colocar, para confrontar-lhes tamanho e força, o Sol (seria melhor dizer o infinito), junto da Lua... Se fui injusto, perdoem-me. Posso porém, brasileiramente arrogante, comparar "Em Sonda" com o "Pã" do autor dos Troféus. Aqui ainda a igualdade de processos seria talvez mais incontestável.

Longe de mim qualquer ideia de plágio: os dois artistas, comovidos (porque realmente os dois sonetos têm movimento) levados por casos duma semelhança ideal, chegaram à utilização de processos idênticos. Querem ver?

Ambos os dois sonetos começam com a descrição do traidor no meio em que vive.

Nas Esfinges:

> Quieta, enrolada a um tronco, ameaçadora e hedionda,
> A boa espia... Em cima estende-se a folhagem
> Que um vento manso faz oscilar, de onda em onda,
> Com a sua noturna e amorosa bafagem...

Nos Troféus:

À travers les halliers, par les chemins secrets
Qui se perdent au fond des vertes avenues,
Le Chèvre-pied, divin chasseur des Nymphes nues,
Se glisse, l'oeil ardent, sous les hautes forêts.

Depois a ambientação da cena. Aqui Francisca Júlia lembra ainda a serpente, fazendo com que a sua descrição não seja só para encher a quadra.

Na poetisa:

Um luar mortiço banha a floreta de Sonda,
Desde a copa da faia, à esplêndida pastagem;
E o ofidiano escondido, olhos abertos, sonda...

No poeta:

Il est doux d'écouter les soupirs, les bruits frais
Qui montent à midi des sources inconnues
Quand le Soleil, vainqueur étincelant des nues,
Dans la mouvante nuit darde l'or de ses traits.

Em seguida o ser mais fraco, a passar descuidado. Numa:

Vai passando, tranquilo, um búfalo selvagem,
Segue o búfalo, só...

Noutro, mais prolixo:

Une Nymphe s'égare et s'arrête. Elle écoute
Les larmes du matin qui pleuvent goutte à goutte
Sur la mousse. L'ivresse emplit son jeune cœur.

Continua a luta e a vitória do mais forte:

[...] mas suspende-lhe o passo
O ofidiano cruel que o ataca de repente,
E que o prende, a silvar, com suas roscas de aço.
Tenta o pobre lutar; os chavelhos enresta
Mas tomba de cansaço e morre...

Ou:

> *Mais d'un seul bond le Dieu du noir taillis s'élance,*
> *La saisit, frappe l'air de son rire moqueur,*
> *Disparaît…*

Aqui o francês superou a brasileira – a sua luta inda é mais rápida, mais viva, mais concisa. E, finalmente:

> *Et les bois retombent au silence.*

Ou:

> […] tristemente
> No alto se esconde a Lua, e cala-se a floresta…

É realmente extraordinária a coincidência do processo descritivo nas duas poesias!

Pouco mais me sugere a obra de Francisca Júlia. Não quero propositadamente falar das poesias e mesmo sonetos que nas *Esfinges* se seguem aos 28 poemas iniciais, caracteristicamente parnasianos. Aí aparecem as famosas ideias-poéticas: flores ao léu das águas, cegas, mães, soldados partindo para a guerra

> Minha esposa, meus filhos nesse dia
> Choraram tanto!

mergulhadores buscando pérolas no oceano, aos quais o poeta se compara, primaveras

> Desponta clara a manhã;
> Os passarinhos em bando
> Cortam os ares, cantando
> Numa alegria louçã;

floristas, adeuses

> Mas uma noite o espaço todo armado em festa,
> Teu esposo partiu, enfim… (Quanto desgosto!)

e outras baboseiras poetificantes, pouco sinceras. Note-se que na última citação o parênteses pertence a Francisca Júlia, não é caçoada minha. Parece incrível, o espírito masculino que escreveu "Profissão de fé" ou "Em Sonda", ter dessas coisas, mas lá está.

Talvez influência das canções de Goethe, em que a escritora era lida… Mas a inessência fragílima, a puerilidade sutil privativas dos pretensos bárbaros são dificílimas para almas latinas, ainda por cima parnasianas. Caem sempre num joão-de-deusismo impagável. Só Alberto de Oliveira no Brasil conseguiu cantar *Lieder*, no genuíno significado germânico da palavra. Não quero dizer mais coisas desagradáveis da ilustre artífice do verso brasileiro.

No fim da vida, pelo menos nos últimos tempos, Francisca Júlia publicou, na *Cigarra*, alguns sonetos que demonstram a evolução magnífica do seu espírito. Longe está do parnasianismo marmóreo do início ou da pieguice feminina. Francisca Júlia tornara-se poeta, à medida que o "aplainamento da vida" a envelhecia. Sempre perfeita, sempre comedida, não era mais gelada, nem escrevia para fazer versos belos. Deixara já, ó Perfeição, de rondar "à noite, à luz dos astros, a horas mortas" em torno da tua cidadela

como um bárbaro uivando às tuas portas!

Era agora a viril, lírica, expansão dos sentimentos e das comoções de sua vida.

Saiu-lhe então da pena essa maravilha, "Outra vida", com que cheio de admiração paro estas linhas

Se o dia de hoje é igual ao dia que me espera
Depois, resta-me, entanto, o consolo incessante
De sentir, sob os pés, a cada passo adiante,
Que se muda o meu chão para o chão de outra esfera.

Eu não me esquivo à dor nem maldigo a severa
Lei que me condenou à tortura constante;
Porque em tudo adivinho a morte a todo instante,
Abro o seio, risonho, à mão que o dilacera.

No ambiente que me envolve há trevas do seu luto;
Na minha solidão a sua voz escuto,
E sinto, contra o meu, o seu hálito frio.

Morte; curta é a jornada e o meu fim está perto!
Feliz, contigo irei, sem olhar o deserto
Que deixo atrás de mim, vago, imenso, vazio...

É triste e calmo, vago, imenso como o deserto que ela deixava atrás de si; mas não era vazio. Nos saaras as areias movediças que os enchem, conservam pela noite adiante a ardência do Sol; Francisca Júlia guardou nas palavras especulares dos seus últimos poemas o queimor tristonho da vida.

III
Raimundo Correia[10]

> *Assai spesso si è cercato in questo ultimi tempi di riconduri la pitura ai suoi stretti elementi e forse mai come ora si è traboccato nelle aberrazioni scipite dell'intellettualismo.*
> C. Carrà (futurista)

Raimundo teve certamente um pouco mais de inspiração que Francisca Júlia, mas nem por isso prefiro-o à escritora paulista. Foi mais poeta. Mas sob o ponto de vista estritamente parnasiano, não tem poemas que se comparem como perfeição de forma impoluta ao "Dança de centauras" e ainda outros.

Raimundo é um Orfeu: encanta à primeira audição. Mas um conhecimento mais íntimo de sua obra desilude. Desiludiu-me a mim. A sua inspiração era muito curta e

---

[10] ANDRADE, Mário de. Mestres do passado – III: Raimundo Correia. *Jornal do Comércio*, São Paulo, 15 ago. 1921. (N.E.)

rara. Possuindo até numa certa mediania abastosa os segredos do ofício de versificador, preenchia com brilhantes artifícios, os largos espaços vazios, que bocejavam entre um e outro surto de lirismo. Dá impressão dos arquitetos da Renascença francesa: às vezes uma linha mais vibrante, um contorno mais audaz, um perfil mais gracioso e o resto... colunatas-de-Louvre, chavões, *métier*.

Uma leitura atenta do poeta descobre-nos aos poucos a pobre estrutura do seu edifício.

Raimundo, de todos os nossos cinco parnasianos, foi talvez o que mais teve preocupação do verso de ouro. Mais do que Bilac, porque o verso de ouro era natural, brotava do seu espírito que era fonte de melodias rumorosas, deliciosas, e não poucas vezes brotou mesmo do coração e então o verso era magnífico, total. Raimundo não, mais calmo e mais tardonho na criação da frase refulgente, procurava, constituía o verso de efeito por observação e por comparação. Por isso, para quem a observa sem prejuízo de escola, com interesse mas com a justiça, a poética do autor das "Pombas" é um castelo que rui. Ficam porém de pé alguns lindos torreões. Além disso, o verso de ouro nele assume um certo caráter original. Não é tanto a forma que o ourifica, é muito mais a rebusca intelectual. A antítese brilha em todas as suas manifestações:

Mas sem nada dizer, disseste tudo!
"Despedidas";

Ó borboleta, para! Ó mocidade, espera!
"Ser moça";

Pois tem piedade só quando inveja não tem
"Job";

Vê como é forte a fraca Luisinha
"Luisinha";

Mas aos pombais as pombas voltam
e eles aos corações não voltam mais...
"As pombas..."

E quantidade poderia citar... Raimundo, por falta de inspiração, – homem de sentimentos pequeninos como foi – prejudicado pelo desejo de ser parnasiano, caiu num intelectualismo exagerado, pretensioso, sem veemência. A preocupação da ideia viva do *espírito* absorveu o pouco do romantismo cor-de-rosa que lhe encarnava a alma. Se tivesse nascido mais para o início do século, estou que daria em Casimiro de Abreu. Seria melhor assim, talvez!... Sente-se-lhe a frieza calculada do processo: escrever um soneto, um poema com paciência, com cuidadinho, para coroar-lhe o fim com um verso de ouro lindo, dos que lhe brotavam nos partos espaçados da inspiração ou ainda o verso de ouro antitético (?), sutil, tartufo, enganador... Lê-se o poema; brilha por um segundo. Que resta após? Papel queimado... cinzas... nada!

De outro artifício apraz-me falar, o tal sistema das comparações. Não nego, como aliás da antítese não pretendi negar, o valor e a beleza de certos manejos de estilo! O seu emprego sistemático é que me encoleriza. É a mascarada gatuna de Albalat. A comparação em versos proporcionou a Raimundo um roubo genial: "As pombas"; mas a continuação do processo é francamente cacete. Quanto é mais sugestivo o símbolo que roça pela verdade e se esgueira, se esgarça, desaparece, ensilvando-nos a alma com visões! Mas não! os poetas comparadores pensam com mais verdade: – "humanidade és uma récua de cavalgaduras! Isto se parece com aquilo por esta razão, estás entendendo bem!" E um verso de ouro para acabar. Assim: "Vinho de Hebe", "As pombas", "Ser moça", "Fascinação", (delicioso), "Pélago invisível"...

Dorme em ninhos de sangue o sol oculto...

Chamam-me bárbaro. Não é verdade. Verão que mais tarde saberei dizer coisas boas de Raimundo. Mas confesso: dos cinco parnasianos é o que menos me comove; embora seja de todos eles o de vida mais comovente. Comovente pela simplicidade, pela nobreza, pela calma. Saberei ver mais tarde o reflexo dessa simplicidade nalguns poemas de mais poesia; Raimundo floriu numa vida de que Flaubert escreveria outro "Un cœur simple"… Mas tinha pouco fôlego lírico; e quando se pôs a escrever poemas semifilosóficos, porque tinha um espírito inerme, sem músculos (é direito meu não penetrar na sua vida de magistrado íntegro e justiceiro, e observar unicamente o reflexo do seu espírito na obra poética deixada) andou às cabeçadas. Impagável!

É aliás uma lástima verificar-se como os poetas do Brasil – todos os brasileiros – não só não têm princípios filosóficos e religiosos como não se esforçam por tê-los. São geralmente ventoinhas de princípios ocasionais. Sopra-lhes a direção a estética do último poeta que decoraram, a filosofia do último Bergson que não digeriram.

No Brasil leem-se Kant, William James, Schopenhauer – mas só um ou outro, raríssimo, folheou um tratado de lógica, leu uma súmula de psicologia ou prolegômenos de Metafísica. Tenho um amigo muito querido que se admira de eu nunca ter lido Nietzsche… Mas como ler Nietzsche, se o adorado irmão Bernardo, no Ginásio do Carmo, não me deu bomba em Lógica só porque eu fazia o meu sexto ano e precisava formar-me! Prefiro não ler Nietzsche enquanto não compreender bem compreendida a Psicologia de Mercier que há seis meses dorme num canto da minha secretária a imortalidade do *Enchanteur pourrissant*. (*L'Enchanteur pourrisant*, de Guillaume Apollinaire, 1921, edição da *Nouvelle Revue Française*, xilografias de Dérain). Como veem, sou ilógico, mas não sou cata-vento. Por tudo isso prefiro, dos homens escritores, um Medeiros e Albuquerque – ruim no conto, detestável na poesia, abominando no romance, horripilante no drama – homem de ideias, ateu, anticlerical, bobo, mas que afinal é bobo, é anticlerical, é ateu: tem ideias. Quanto a essas balanças inconscientes: hoje adoradores de Buda, amanhá de Odin, positivistas em fevereiro, coisa nenhuma em agosto... é deplorável!

Compreendo e me comove a ânsia terrível dos que procuram a verdade e explodem na filosofia verdadeiramente lírica de um Farias Brito; admiro a ascensão ideal e serena de um Bourget; sofro o contraste entre a fraqueza da came e a elevação do espírito de um Musset; mas esse borboletear inconsciente por várias teorias religiosas ou apenas filosóficas, desde o mais negro pessimismo (Deus impossível, Fetichismo) até o mais calmo cristianismo (Lubricus Anguis) com um ramal para o ceticismo incolor (Vae Victis), outro para o Budismo, etc... com uma aparência muito frágil de sinceridade – isso não compreendo, nem me comove. Sinto uma brisa de inverdade, um ventozinho de diletantismo religioso, repugnante num espírito humano. Estes brasileiros não leram o *Levítico*! Pois lá encontrariam, no capítulo 19, versículo 19, este conselho que Deus pelas mãos de Moisés lá pôs na sua infinita sabedoria e providência para os brasileiros literatos – o que quer dizer todos os brasileiros: "Não semearás teu campo com vária semente. Não vestirás manto de duas fazendas!" Quisera só citar futuristas e fui parar na Bíblia!... Mas a Bíblia também, sem desrespeito, é futurista. E citada em português é novidade de primeira mão. Francamente prefiro o Sr. Medeiros e Albuquerque. Não! O Sr. Medeiros e Albuquerque é ruim demais! Mas prefiro Lúcio de Mendonça.

Compreendo, porém, que um homem passe uma vida escrevendo "Banzo".

Visões que n'alma o céu do exílio incuba,
Mortais visóes! Fuzila o azul infando...
Coleia, basilisco de ouro, ondeando
O Níger... Bramem leóes de fulva juba...

Uivam chacais... Ressoa a fera tuba
Dos cafres, pelas grotas retumbando,
E a estralada das árvores, que um bando
De paquidermes colossais derruba...

Como o guaraz nas rubras penas dorme,
Dorme em ninhos de sangue o sol oculto...
Fuma o sábio africano incandescente...

Vai co'a sombra crescendo o vulto enorme
Do baobá... E cresce n'alma o vulto
De uma tristeza, imensa, imensamente...

É sublime.

Sei das torturas sofridas por Raimundo para atingir a perfeição alcançada. Alberto de Faria já se esforçou por matar essa mosca azul. Mas não o conseguiu, felizmente! Não sei se haverá um homem, capaz de compreender e sentir o canto de meigo idioma, ao qual não se espertem todas as comoções de tristeza, de saudade, de nostalgia ao singular encanto mágico dessas harmonias de sons. Tive um tio, Deus o premeie da paciência! que descobriu termos nos patriarcas da família, homens nobres da Bélgica, possuidores de feudos em Bruges... Não me comoveu, surpreendeu-me, "Banzo" veio contar-me... Paro aqui. Não tenho a sinceridade enérgica do Sr. Vicente de Carvalho, para comentar "avós beiçudos". Houve um homem que ficou célebre no mundo, por ter escrito um soneto de choramargoso amor: d'Arvers. A que himalaias de raiva ascendo, se relembro o soneto coió e celebrado do galicano, quando um brasileiro represou o coração dum continente dentro de 14 versos, e poucos, muito poucos sabem de cor essa música sublime! Raimundo foi um grande poeta: escreveu "Banzo".

Afirmei mais para trás ser o meu poeta homem de sentimentos pequeninos. Falava dos sentimentos expostos em poesia. Tirante o "Banzo", ou ele era falso e loquaz nos assuntos fortes e elevados ou então, quando era na verdade um poeta, isto é, sentia os seus versos, explanava com graça e leve comoção os seus. Sentimentos pequeninos. Poderiam objetar-me lembrando "As pombas", "Mal secreto" e o magnífico, embora pernóstico, "Horácio Flacco"... Mais me confirmo na minha opinião lembrando os três sonetos. Provam ainda a fraqueza e feminilidade de espírito de Raimundo, necessitado do apoio duma ideia alheia, pois que era fraco e feminino, para se elevar mais, e frutificar. Mas a melhor parte da sua obra são os trechos inspirados, onde põe a sua sensibilidade sutil. "Sozinha" é o exemplo mais eficaz.

> É tarde, e eles não vem! O dia finda,
> E, extinto archote, tomba o sol... À estrada
> Lança os olhos, ansiosa, e não vê nada!
> Recolhe-se à cabana, e espera ainda...
> Cerra-se a noite em toda a curva infinda
> Dos céus... E eles não voltam da caçada
> E ela tão só! ... Já pende fatigada,
> Cheia de sono, a sua fronte linda.
> Dorme. Alta noite acorda. Os cães latiam
> Fora, e julgou ouvir, confusamente,
> Como um tropel, na solitária rua...
> Antojou-se-lhe logo que seriam
> Eles, e a porta abriu... Ninguém! Somente,
> Por trás da serra, ia-se erguendo a lua...

Raimundo é ainda dos nossos poetas o que melhor soube dar a impressão de silêncio. É deveras engraçado: um parnasiano exímio em compreender o silêncio!... É inegável, porém: embora não fale obcecadamente em silêncio, como Bilac nas estrelas, Olegário Mariano (desculpem-me colocar um pobrezinho perto de reis) em cigarras, ninguém melhor do que ele caracteriza, sonoriza seria talvez o termo, as cenas silenciosas, cheias duma calma tristonha, enlevadamente mudas. Há porção de exemplos – ruins ou bons poemas: "Contínua lembrança", "Fascinação", "Anoitecer", ainda o "Sozinha", "Cavalgata", "Ária noturna", "Saudade", "Fantina", "Sóror pálida" e outros...

Paira sobre a melhor poesia de Raimundo uma sonoridade de noturno, quase de canção de berço. Vejo nisso o reflexo da sua índole de paz e de silêncio. Quando loquaz o poeta é geralmente infelicíssimo. Sente-se o esforço e a rebusca. O trocadilho poético, que Rostand levou ao apogeu, brilha em Raimundo, mais que nos outros poetas brasileiros: "A paráfrase de Hugo", "Versos a um artista", a horrenda "Ode parnasiana" (que eu considerei já obra-prima) "Missa da ressurreição" (em que há uns pavões dum cômico irresistível), "Luisinha" (chué), "Job" (poesia moralista e professoral), "Nirvana" (onde afinal não há nada), as cacetíssimas "Harmonias duma noite de verão", a tirada hugoamente tonitruante das Meditações... O "Sonho turco" quase se salva; mas que dizer daquele finalzinho para crianças que aprendem fábulas de La Fontaine traduzidas, e mal, e delas não tiram coisa nenhuma para a melhoria da vida?...

> Mal hajas tu, mendaz fortuna!
> ....
> Tu fazes que Mahmu' sonhe, desperto,
> O que sonha um vil trácio enquanto dorme,
> E de ambos vives a zombar assim!

Tire-se-lhe a última estrofe e a poesia fica menos ruim. Quase boa apesar das frases rebuscadas, dos truques que a prejudicam. Um deles mostro já, que, por se tornar tão frequente nesta poesia, prova bem a nenhuma inspiração de Raimundo quando a compôs! Trata-se do lançar um substantivo, as mais das vezes solitário e depois repeti-lo no mesmo verso ou no seguinte, já agora caracterizado por qualificativos.

Exemplo:

> Mulheres e cavalos, com fartura.
> Bons cavalos e esplêndidas mulheres.

O processo aparece cinco vezes nesta só poesia; e mais outras ainda poderia indicar, mascarado que está, onde a mesma repetição de palavras existe propositadamente, para tirar efeito. "Sonho turco" pode ser joia de ouro e marfim para o Sr. Mário de Alencar... Para mim é ouropel.

E agora para terminar, uma engraçada descoberta. Raimundo deve ser atacado como futurista. Comparações francamente absurdas! Compara os peitos da sultana a duas torres de marfim! Havia de ser engraçadíssimo uma senhora de *costume tailleur* com duas torres de marfim... Mas não é tudo... Demais: a comparação já vem de trás; Salomão celebrizou-a e os críticos aceitam tudo o que vem de trás e está bem catalogadinho. O mal de Oswald de Andrade, quando escreveu "braços infinitos", foi ter empregado a palavra infinito. Se dissesse "braços de dez metros", como no caso das árvores do Sr. Vicente de Carvalho, ah! isso entende-se. Dez metros é medida assentada, que se aprende desde a infância; e os críticos do Brasil só entendem distâncias que se meçam, porque só metros e catálogos lhes forneceu a ciência gotejante que engoliram. Mas infinito! Quem é que mede infinitos! Mas há uma delícia de futurismo ainda nesse mesmo "Sonho turco":

A eleita qual será com que ele duma,
Como um céu de verão, todo estrelado,
Sobre uma várzea em flor?!

Que dizem a isso os potentados da terra? Os críticos psicológicos falarão em sensualidade sadia... Pouco se me dá que seja sadia ou mórbida; acho simplesmente canalha ir perturbar, como os namorados de Bilac, o castíssimo céu de verão todo estrelado e a não menos castíssima Senhora Dona Várzea em Flor!

Mas deixemos a obscenidade de lado. Raimundo foi um exímio arquiteto do verso e foi um bom poeta nos raros momentos de inspiração. Um dia foi grande escrevendo "Banzo".

IV
Alberto de Oliveira[11]

> *C'est touchant (pauvre fille).*
> *Et puis après?*
> *Oh! Regardez, là-bas, cet épilo-*
> *gue sous couleur de couchant;*
>
> *Et puis, vrai,*
> *Remarquez que dès l'automne,*
> *l'automne!*
> J. Laforgue

Palmilho agora vergel mais frutífero. Entro a conversar os três verdadeiros poetas surgidos entre os artífices do verso da geração parnasiana.

---

[11] ANDRADE, Mário de. Mestres do passado – IV: Alberto de Oliveira. *Jornal do Comércio*, São Paulo, 16 ago. 1921. (N.E.)

A impressão, a impulsão lírica, o estado poético é assíduo no Sr. Alberto de Oliveira. Porém é muito débil – linfa gentil, bulhante; insuficiente ainda para dar de beber a uma povoação. Teve enchentes porém, quando foi das trovoadas do verão: de 1895 até os primeiros lampejos do século novo.

O Sr. Alberto de Oliveira foi perseguido por uma grande infelicidade na vida: não teve que dizer. Mas era poeta. E como não tinha que dizer, sentiu os seus amorezinhos, as suas verdadezinhas... Quando não sentia coisa nenhuma, escrevia poemas parnasianos.

O Sr. Vicente de Carvalho vê-se que é homem ligado em filosofias, quando mais não seja na filosofia do direito. Olavo Bilac no último livro pensava – pensava errado as mais das vezes, mas afinal pensava. Raimundo borboleteou, como um lorde em viagem de recreio da Índia para a Palestina, da Alemanha para a Grécia. O filósofo de "No seio de Cosmos" não ultrapassou o panteísmo. E fez panteísmo não raro bonito. Aceito a escola filosófica – será mesmo filosófica? – do Sr. Alberto de Oliveira, na poética. E mesmo na prosa, quando esta é feita por um Algernon Blackwood. Por isso finjo acreditar na sinceridade filosófica do artista; tanto mais que acredito sem santiaguices no entusiasmo e no amor dele pela natureza. Poder-se-ia dizer do poeta que tem o "sentimento da natureza".

No amor, a prolixidade sem assunto do Sr. Alberto de Oliveira fê-lo escrever a gorda parte dos seus três alentados volumes de poesia para cantar umas paixõezinhas muito bem contidas numa lágrima de Goethe e numa careta de Heine. Quando fala de Eros, o poeta é quase sempre duma monotonia de areão. Raramente o milagre dum sentimento mais curioso, mais original. Areão de raros oásis, e de miragens raríssimas. Aliás não tem culpa de ser monótono no amor. É culpa da alma, do coração que trouxe do berço e não comprou nem encontrou no caminho. E poderiam ainda objetar-me com a lembrança do Dante, do Petrarca, do Camões... Argumento forte, fortíssimo. Calo-me. Além do mais: se o poeta do *Livro de Ema* foi monótono, é bem certo que, salvo exceções, fez versos de amor sentidos e vividos.

Conhecer as *Canções românticas* é conhecer as ideias e sentimentos que repetirá pela vida inteira. Quem nelas ficar, porém, fará tolices. Com a afinação progressiva da veia trovadoresca, e com o conhecimento de maior número de tonalidades o cantador chegou a uma grandeza algumas vezes invejável. Mas as *Canções românticas* são todo o poeta. O eterno amor que não vai nem vem: quedas lamentáveis para um romantismo funerário da pior espécie; temas convencionais do passado; língua pura, de toada sonora e cantadeira, ou de estilo rebuscado até o ridículo. A poesia dedicada a umas iniciais misteriosas, absolutamente desinteressantes para o leitor, mostra já bem no embriagado bebedor de castálias (e que pior vício haverá!) um poeta legítimo. Há sentimento, humanidade naqueles versos.

> E neste amor, que me enche todo e aviva,
> Teu nome exalçarei de carme em carme,
> E há de a tua lembrança, enquanto eu viva
> Sorrir-me e acompanhar-me.

É bem dito, não acham? Levemente triste, nada de novo, mas suave, bom, consolador. Vivo essas estrofes.

Nessas mesmas *Canções românticas* há umas troças engraçadas, merecedoras de comentário. Há nelas a inconsistência, a flacidez de alma do rapazola que verseja. E o rapazola canta dos olhos da menina:

> [...] Olhos feitos de lava
> Rolando sobre veludo.

Não sei se os críticos do tempo viram nisso exagero. Naturalmente não viram. O Sr. Alberto de Oliveira toma o cuidado de misturar esse futurismo coió a umas frases de preceito, douradinhas, comuns... Os homens engoliram a pílula. Agora que se fale em "braços infinitos", isso não! Que o talhe esbelto da pequena traga a um poeta maluco visões afrodisíacas de torres alucinadas, isso nunca! E, por cúmulo dos cúmulos, que essas torres sejam do mosteiro de São Bento, pelo qual o lírico passava diariamente; que o poeta recorde São Bento, São Paulo, Estados Unidos do Brasil e não torres clássicas de São Marcos ou de Nossa Senhora de Paris, isso é demais!... Não podemos admitir! nós, os cérebros legítimos e batizados do senso comum e da beleza meio-térmica!

Mas quem lembrou senso comum? quem falou de Beleza?... Bestas!

O mais engraçado é que o poeta continua na quadra seguinte:

> Quando essas duas turquesas
>> (*as lavas eram azuis!*)
> De minha alma no fundo lanças;
> E tudo são esperanças
>> (*As esperanças do rapazinho eram também azuis... Bravo!*)
> Já nem me lembram tristezas.

Mas tudo isso é um despertar. Apenas: muito despertar, penetrado ainda das sombras inconscientes da antemanhã.

Nas *Meridionais*, já o Sr. Alberto de Oliveira citava Banville. A mania das recordações da Grécia acentua-se, de mãos dadas com a mania da língua pernóstica. São inversões esdrúxulas, pesadas, nas quais a frase se arrasta lenta, longa, entrecortada. Um artificiar contínuo, cansativo. E as mulheres já são vistas como Anfitrites; as amantes são apenas desejadas com um reflexo de amor – nada mais;

assim como para se saber do gosto das lágrimas é preciso consultar o gosto pagão de Hermé. Desculpem o trocadilho. Involuntário.

E se ao lado dessas "traficâncias e mesquinharias" o amor romântico persevera em lamúrias e açúcares, já a alma do poeta vibra mais forte, ou comovendo-se com seus próprios sofreres ou com males alheios. E aparecem lindos versos. O soneto levemente camoniano, que traz uma citação de Sainte-Beuve; "Voz da noite", menos perfeito, mas com o mesmo delicado sentir de "Sozinha" de Raimundo Correia; a tenebrosa "Visão de tísico"...

Tenho um fraco pela "Manhã de caça". Pura descrição, mas saborosa. Poema vazio, artificial mas gracioso, despreocupado, gentil, sonoro. Lindo minuete... É luísquinzesco.

E ainda nas *Meridionais* há o admirável desvario lírico do poeta, que imagina as delícias duma noite de amor como se fora uma correnteza através da floresta. O panteísmo se acentua,

> Como o argênteo cordão das águas da montanha
> Vem da pedra que achou no caminho inclinada,
> Lavar todo o pendor...............................
> Assim penso hão de ser meus beijos abrasados...

Sonetos e poemas é um livro ruim. Muita perfeição de forma nos sonetos, ainda o fabordão do amor choramingas no "Ementário", "Sirinx", "Galateia", "A estátua", "Cleópatra", "Vaso grego", "Vaso chinês"... A Beleza. E na segunda parte uns poemas longos, sem assunto; poemas mudos, inúteis, atinentes a uns nadas. Letargo do poeta, enquanto vive o arquiteto da frase inchada. Salva-se o soneto "Única" pela magnífica ideia que contém. Será do Sr. Alberto de Oliveira? "Árvore" também se salva. A língua rebuscada do artífice, não há a negar, adquire às vezes uma imponência orquestral, magnífica, cujos estalões mais soberbos são "Árvore", "O Paraíba" (tirado o final com a criancinha, progenitores respeitabilíssimos, as velas acesas, a porta do cemitério e outras burradas) e a "Ode ao Sol".

Aprecio essas três formidáveis sinfonias. Que língua! Que inversões! Que audácias! Que frases quilométricas! O artesão exagera, com tanta riqueza de inconsciência e de vaidade, os seus defeitos, que estes se tornam valor. Em "Árvore", em "O Paraíba", em "Ode ao Sol", o Sr. Alberto de Oliveira eleva pretensão a que a sua língua "com alguma corrupção" se cria ser a latina, a ponto de se tornar grande. Idólatra da natureza o artista, como já o fizera Euclides, transplantou para a língua a vertiginosa fecundidade, má e sublime das matas brasileiras. Acho que por esse lado a língua brasileira se diferenciará da língua portuguesa...

O Sr. Martins Fontes na sua formosa "Floresta da água negra", igualou, se não o superou mesmo em sutilezas orquestrais, o poeta da "Ode ao Sol". Para os que entendem música este é um Wagner ou antes um Berlioz da poesia brasileira. O vate santista é um Strauss. Mais impetuoso ainda, mais sapiente ainda no jogo dos instrumentos, o Sr. Martins Fontes tem achados magníficos: descobre a passagem de violinos do prelúdio do *Rosenkavalier* ou os sons do violoncelo descrevendo a ânsia de Salomé na cena da morte de João Batista. Mas o Sr. Alberto de Oliveira tem prelúdios de Tannhäuser e a marcha húngara da Danação. Prefiro Wagner e Berlioz a Ricardo Strauss.

Araripe Júnior, num impagável prefácio, descobre em *Versos e rimas* que o Sr. Alberto de Oliveira tem "entusiasmo e ternura". O descobrimento do celebrado crítico é feito através das citações do Álbum de fototipias de John Stoddart.

Enquanto escreve o prefácio diz o sapiente indígena: "Neste momento, abrindo eu, por acaso, o álbum de fototipias do afamado John Stoddart, caem meus olhos sobre a grande estátua de bronze do Buda de Kamakura, no Japão, em cujo colo avisto três ingleses contemplativos". Há de ser curioso esse jeito de escrever prefácios, folheando livros de gravuras. Mas passa. E o ilustre crítico fala em Nirvana. Depois fala em Laura e em Beatriz. Depois em Salomão. Depois cita Shakespeare em inglês e Horácio em latim. E esquecia-me de Diderot, de Píndaro e de Anacreonte, que o notável polígrafo descobre também não serem enfermos. Há este pedacinho: "[...] que é isso que a antiguidade chamava entusiasmo, inspiração e nós hoje denominamos uma disposição fisiopsíquica em eretismo? Um estado próximo da desordem, da decomposição, da epilepsia larvada? Uma extravagância do século, é o que isso é; porque o mesmo se poderia dizer do sistema planetário, que já foi nebulosa, apesar do que a ciência assinala como leis inelutáveis de equilíbrio. Caricaturas científicas!" Como é lindo as pessoas que sabem muita coisa! Vêm-me aos olhos as lágrimas de Max Jacob (futurista): "*Je n'ai jamais tué personne et je fais fi de l'argent; cependant, on ne me pardonnera pas de ne pas connaître l'anglais, puisque je me mêle de traduire le breton*". Se eu tivesse lido muitas coisas!... Confesso que ainda não li Diderot nem folheei o álbum de John Stoddart (digo John porque lá está deliciosamente natural, no Araripe. Eu, por mim, diria João; e na intimidade, Johnny). Talvez pela minha ignorância do enciclopedista e do Buda de Kamakura no Japão não consiga descobrir "entusiasmo e ternura" nos *Versos e rimas* do Sr. Alberto de Oliveira. Vejo outro livro ruim.

O autor escreveu demais e só admito que escreva demais quem tem muita coisa a dizer. O poeta fluminense não tinha. Poder-se-iam resumir as suas três adiposas séries num só volume. Dariam um *Poemas e canções* de quase igual valor ao do paulista...

Para rivalizar com "Rosa de amor" eu poria no fim do livro "Por amor duma lágrima". Agora sim, já o poeta é só poeta, e temos um sublime poema. É poesia. Iguala Heine e iguala o Goethe dos *Lieder*. O que não implica dizer que haja imitação. Não há. O livro do Sr. Alberto de Oliveira é originalíssimo, sempre novo, apesar de simples. Mesmo sem citar Diderot, sem ver fototipias inglesas, sem o imprescindível latinório final, consegui resumi-lo num pensamento: "Por amor duma lágrima" é original, embora simples, porque é alma. A sentimentalidade do artista deu aqui brilho maior, atingiu mesmo o fulgor, simplesmente porque, extraviando-se da convenção que o sufocou toda a vida, o verdadeiro poeta existente no artífice do "Vaso chinês" cantou despreocupado. Cantou sofrendo. Cantou sorrindo. Mas o poeta de "Por amor duma lágrima" foi esquecido. Sei que ficou o desenhista do "Vaso chinês".

> Sob as copadas árvores me assento
> E a fumar passo o dia
> Sussurra o vento
> Na ramaria;
>
> Que desgraçados amores
> Os meus amores! Porém,
> Esta lembrança a que vem?
> Estamos ao pé das flores;

Sentiram Goethe?

> Por que, se te esqueci, sonho contigo?
> E se também me esqueces,
> Por que, sorrindo-me e com rosto amigo,
> Em sonhos me apareces?
>
> Entre nós ambos tudo está desfeito.
> A causa... no meu peito

Cale-se o coração.
Não tiveste razão [...]
Que infelizes que somos! que infelizes!

Sentiram Heine? E esta maravilha das maravilhas:

Amamo-nos um dia,
Um só, na vida! Amamo-nos: nascia
A manhã fulgurante;

Amamo-nos: brilhava no levante
O Sol; na plaga infinda
O Sol brilhava; amamo-nos ainda;
Caía o Sol no oceano
Ardia em nós o mesmo afeto insano;
Mas veio a noite e, unidos
Nossos rostos, os braços enlaçados,
Num longo e último abraço confundidos
Morremos abraçados.

Sentiram o Sr. Alberto de Oliveira? Peço Deus que nos mande um Schumann, para que um novo "Amor de poeta" apareça. Os versos, e sublimes, aí estão.

O poeta do "Por amor duma lágrima" é o único compositor de *Lieder* da poesia brasileira.

E valha a verdade: igualou os tudescos. A mesma simplicidade, a mesma naturalidade, o mesmo sentimento. O lírico das "Cantigas praianas" também quis cantar assim, mas pôs nas suas lindas canções um intelectualismo latino que as desnatura. O Sr. Vicente de Carvalho compõe canções. O Sr. Alberto de Oliveira compõe *Lieder*. Não sei se me compreendem... Avanço mesmo que o sinfonista da "Ode ao Sol" é o maior "Liederista" da língua. E não me furto a cantar mais a "Voz das árvores":

Acordo à noite assustado.
Ouço lá fora um lamento...

Quem geme tão tarde? O vento?
Não. É um canto prolongado,
Hino imenso a envolver toda a montanha;
São em música estranha,
Jamais ouvida,
As árvores ao luar que nasce e as beija,
Em surdina cantando,
Como um bando
De vozes numa igreja:
Margarida! Margarida!

É lindo, muito lindo!

"Livro de Ema" é outra obra magnífica. Embora não tenha a beleza inalterável, integral de "Por amor duma lágrima", dum belo mesmo singularmente envelhecido, "Livro de Ema" é um poema belo. Tão belo mesmo que conseguiu inspirar o Sr. Afonso Celso e dar-lhe a linda ideia final do seu prefácio. Já é ter força comotiva! As ideias lindas (não digo boas) são tão raras no cérebro do *tradittore* da Imitação! Mais linda que a do prefácio só mesmo a do "Anjo enfermo"! Sinto-me hoje um tanto agressivo, não acham? É por ter lido ontem uma crítica contra mim, que me deixou trêmulo de raiva. Toda a noite sonhei combates… literários.

É no "Livro de Ema" que está a "Estrada deserta", um dos trechos mais comoventes da poesia do Sr. Alberto de Oliveira. A "Serenata no rio" é um pantum mais belo que o do Bilac e todos os de Leconte juntos.

"Alma livre"… É um bom poema, não há dúvida. Cansa-me passar tantos livros em revista. A mesma variedade de coisas ótimas e péssimas. Se eu tivesse inventado a firma Bons e Maus & Cia. (seria mais brasileiro dizer Bons e Maus Corporation) ficaria atrapalhado no catalogar o artista de "M. G. R. O." – "Mãe dos meus filhos! Mãe dos meus melhores versos."

Estou convencido que o mal deste legítimo poeta foi fazer ofício de poeta. A inspiração não é de todos os instantes. Só os loucos têm inspiração permanente. O Sr. Alberto de Oliveira está longe de ser um louco. Não tem uma disposição fisiopsíquica em eretismo. Não merece entrada no "Asyle des Dégénérés Supérieurs de Flamanville", cujo regulamento acabo de ler porque pretendo nele entrar. Os que precisarem de prospectos, comprem *Le Phanérogame*, 1918, Max Jacob (futurista).

Mas como o Sr. Oliveira não era um degenerado, não tinha também inspiração constante. Quando o isqueiro, por humildade, secava, recusava-se a dar faíscas, o poeta edificava pedra a pedra, palavra por palavra, castelos-do- reno assombrados e sentimentais ou marmóreos e regelados partenons.

Na "Alma livre" aparecem os primeiros versos soltos do poeta. Admiráveis. Pena é que desse na moxinifada filosófica-panteísta de "No seio de Cosmos". É contingência esta dos poetas parnasianos: quando, com a velhice de pés célebres, lhes foge paciência e inspiração, viram pensadores. E que pensadores! (Vide considerações elásticas sobre a filosofia dos tupinambás, capítulo Raimundo Correia, desta obrinha).

Quando, com o nascer do século XX, o poeta envelhecia assustadoramente, entre outros lampejos ainda da inspiração que fora quase perene no "Livro de Ema" e integral no "Por amor duma lágrima", o poeta escreveu "Volúpia". É, não direi a vasca final da torcida moribunda, não direi nunca seja a visita da saúde, mas um primeiro adeus do poeta à Musa que o vai deixar. E que adeus magistral, que lirismo incandescente, que versos! Por eles se salvou a Poesia em "Terra natal". Falo Poesia, como efervescência de lirismo de sentimento, de comoção… Julgo ter já suficientemente elogiado a beleza do "Paraíba".

E sente-se que a Musa abandona o poeta. Fora preciso que o poeta não abandonasse a sua Musa!… O Sr. Alberto de Oliveira não quis partir também; e eis o porquê duma decadência real, transparente, lamentável. Chegou até a escrever versos livres na "Ode ao último sono"!!! Deu-se com ele o contrário do que se dera com Francisca Júlia. Esta subiu, Alberto… O Sr. Alberto de Oliveira não quis ouvir o apelo da Musa: – "Que anos novos são estes? Em que século de fogo estamos? Tudo fábricas? Tudo guerras! tudo gritos de liberdade… Amigo, partamos para o soberbo castelo da Mudez Absoluta! A nossa idade partiu!… Partamos!…" O parnasiano ilustre, bem fardado, voltara duma sessão da Academia Brasileira de Letras… Sessão dourada pela assistência de muitas damas… Recebera genuflexões… Beijos no bigode, nas mãos, nos pés… Estava cansado… Sentara-se numa comodíssima cadeira diante duma rica secretária americana… Coxins… A tepidez silenciosa e cara dos livros raros… Bronzes… Pelúcias… Muito ao longe, agradáveis às suas orelhas terrestres, te-deum-laudamus de idólatras patetas e penitentes… Olhou a Musa. Envelhecera. O Sol do século XX era demasiado claro para ela. Apareciam as rugas, a pequenez dos olhos piscos, os pés-de-galinha… Bocejou: Eu fico.

Ela partiu.

> *Troppo egli amò la vita; e gli concesse*
> *troppo la vita perchè un potesse*
> *dimenticarla.*
>
> Govoni (futurista)

E vieram "Flores da serra", "Versos de saudade", "Sol de verão", "Céu noturno", "Alma das coisas", "Sala de baile", "Rimas várias", "No seio de Cosmos", "Natália"…

Il y avait encore quelque chose
La tristesse
Et le mal du pays.

Blaise Cendrars (futurista)

V
Olavo Bilac[12]

Cherchons l'enchanteur. Si nous
avions le temps, nous célébrerions,
en strophes difficiles, son destin,
aux échos de la forêt résonnante.

G. Apollinaire

En sa jeunesse fut soudart
D'honorable mondanité,
Puis a élu la meilleur part
Servant Dieu en humilité.

Anônimo do século XV

Considero Bilac um dos bons poetas brasileiros. Não há novidade nenhuma nisso? Há. É que não o considero dos maiores. Bilac entusiasmou-me; atrai-me ainda… Não me prende, porque raro me comove. Mas não sei bem por que não me comove. Talvez a excessiva perfeição. Talvez. Acho mesmo que é isso. O meu bem-querido Machado lá deixou escrito no *Memorial de Aires*… "neste mundo a imperfeição é uma coisa precisa". Poderia citar o Eça… Mas junto do brasileiro o português… manca.

Bilac foi um eloquente. Sente-se mesmo que teve a preocupação da eloquência. É um Guerra Junqueiro, mas

---

[12] ANDRADE, Mário de. Mestres do passado – V: Olavo Bilac. *Jornal do Comércio*, São Paulo, 20 ago. 1921. (N.E.)

com valor. Tem um gostinho de discurso acadêmico. Não sei por que esse costume de se chamar de discurso acadêmico tudo o que é pomposo e vazio de sentimento. Eu parece-me preferível a denominação de discurso de deputado. Bilac foi um deputado da Beleza na terra do Brasil. Mas escreveu "Via-Láctea" e mais alguns versos cheios de poesia. O grande resto é pura douradura; da mais formosa, da mais enganadora, mas simples douradura. Prefiro porém ainda as primeiras séries de poemas que escreveu no *Tarde*. Direi adiante por quê.

Por enquanto quero considerar Bilac como deputado da Beleza na terra do Brasil. Defendeu-a integralmente; desde que se considere a Beleza segundo a definição escolástica "o que agrada". E Bilac agradou. Foi um encantador. Todos os artifícios e perfeições da Beleza soube reunir em seus versos. A sonoridade, a graça, a leveza, a língua isenta, as ideias prestigiosas, as comparações fortes… a sensualidade. E mais o nu. Conta-se o êxtase de Celini diante dos menores, mais recônditos relevos do corpo humano… As vértebras entusiasmavam-no como expressões de beleza… Sinto que o cantor de Frineia foi assim. Os que tiverem paciência, enumerem todos os artifícios e perfeições da Beleza, sob o ponto de vista formal, e sem titubear pô-los-ei todos aqui. Bilac reuniu-os na sua obra. Assim sendo, considero-o o maior dentre os parnasianos. Maior para o Brasil.

Como deputado da Beleza, era natural que Bilac tivesse estudado a arte de agradar por meio de seus versos… E que técnica formidável! Não é preciso buscar mais o século XVIII italiano para se compreender o prestígio que exerce sobre as turbas e mesmo sobre a "gente boa" um "virtuose" perfeitamente habilitado. Inteligentíssimo, estudioso, paciente, o tapeceiro d'"As viagens", adquiriu uma facilidade, uma segurança, uma perfeição tal no manejo do alexandrino, e mesmo de outros metros, que continua com a genialidade. Se quiserem: Bilac é o malabarista mais genial do verso português. Outro nenhum existe que se lhe compare na língua; e mesmo fora desta, poucos emparelharam com ele nas línguas que sei. Um há que o supera, um apenas: Victor Hugo. Note-se que falo da perfeição técnica no manejo de metros conhecidos. Merecia um Dorchain que o saudasse letra a letra. O Sr. Aristeu Seixas está naturalmente indicado para esse trabalho.

"O Caçador de esmeraldas" é sob esse aspecto o esplendor dos esplendores. Que realização integral da Beleza! Fascina e deslumbra. Mas seria injustiça consagrar o poemeto só como realização do Belo. Na fala sobrenatural que consola a morte de Fernão Dias, há mesmo uma comoção ondulante, uma frescura impetuosa de mar:

> Morre! morrem-te às mãos as pedras desejadas
> Desfeitas como um sonho, e em lodo desmanchadas...
> Que importa! dorme em paz que o teu labor é findo.
> Nos campos, no pendor das montanhas fragosas,
> Como um grande colar de esmeraldas gloriosas
> As tuas povoações se estenderão fulgindo!
> ....
> E subjugando o olvido, através das idades,
> Violador de sertões, plantador de cidades,
> Dentro do coração da pátria viverás...

Bilac quando chegou a essa parte do poema estava comovido. Incendiavam-lhe a alma, chicoteavam-lhe o espírito os arremessos de amor da pátria, sentimento em que foi constante e sincero toda a vida. A perfeição dos versos continuou porque a sua técnica era tal que todas as suas comoções eram já metrificadas, com exatidão, rimadas com abundância. E o fim do seu poemeto é colossal. E foi nele, muito mais do que no soneto "Pátria", sobre o qual paira a sombra irônica de Stecchetti, e mais do que nos livros escolares, que o seu sincero patriotismo teve a melhor ocasião de se manifestar poeticamente.

Na vida sabe-se quando foi. Bilac, admirado, respeitado, idolatrado, falou na Academia de Direito... Lembram-se da comoção da pátria inteira? Lembram-se dos cruzados de Luís IX que morreram tão cedo? Pouco importa o resultado. Olavo teve a grandeza e o heroísmo de, reconhecendo sem vaidade o seu prestígio, desfraldar uma bandeira, que o vento da fraqueza brasileira esfarrapou. Mas teve a glória e a força de semear. Que isso nos baste para o nosso reconhecimento e saudade.

Propusera-me a não falar nos homens... Outro aspecto em que a técnica de Olavo Bilac se aplicou com especial agrado e êxito foi a sensualidade. Chegou a ser cinematográfica. Fosse eu hábil em rabdomancia!... Possuísse uma varinha de condão, tão de fada a ponto de poder entrar na câmara dos cuidados interiores, – não, assim ninguém me entende – entrar no espírito de certas meninas que sabem de cor todas as poesias de Olavo Bilac! Como sentirão elas "Beijo eterno", por exemplo? Ora! Naturalmente como assistem a certas fitas. O dia seguinte é domingo... Vai-se à missa, de livro em punho; talvez mesmo o terço de prata... Mas os olhos quebrados, os membros derreados...

Olavo Bilac foi exímio na pintura da pornocinematografia. Felizmente poucas páginas lhe dedicou. E o Belo não tem moral! A pureza é uma ninharia, uma contingência de decrepitude juvenil... Nós, os espíritos livres...

Um dia Olavo Bilac amou, como todos os homens deste mundo. Amou simples e amou sentidamente. Contam-se por aí coisas lindas e misteriosas dos seus amores... Pouco me importam a mim, que não lido vidas alheias. Sinto que o sonetista admirável da "Via-Láctea" devia ter amado, e muito, para escrever esses fortes e comoventes decassílabos.

E há no poemeto uma grande originalidade. É todo perfumado por uma alegria sã, por uma jovialidade transparente, natural, comunicativa. O poeta sentia-se feliz num amor sincero, profundo, mas inocente, lírico, natural.

Também na "Via-Láctea" o poeta é sensual. Mas existe uma ponte muito comprida de atravessar entre a sensualidade e a obscenidade. Na "Via-Láctea" não atravessou a ponte.

Mesmo porém nesses 32 sonetos ele não foi um poeta completo. Sentiu, viveu, mas prejudicava-lhe o sentimento e a vida que transfundia para os seus versos, a deputação augusta... e augusta que recebera de Sua Majestade a Beleza à razão do "Ora (direis) ouvir estrelas!" escrito somente para engastar no fim do poema a ideiazinha brilhante

> como um rubim;

e mais alguns versos esparsos.

E qual a razão de figurarem na "Via-Láctea", desviando-lhe o curso, os sonetos a Goethe, a Bocage, a Luís Guimarães, à mãe do poeta e a pernóstica paráfrase, ou coisa parecida, de Calderón?... Nenhuma. São arrebiques desnecessários para poema tão grande. Confesso que os inutilizei na minha velha e gasta e amada edição das *Poesias*.

Entre o soneto n.º 4 e o 20 hesito em preferir. São talvez os melhores versos de poesia de Olavo. Adoro-os.

Vá, escolho o n.º 4:

> Como a floresta secular, sombria,
> Virgem do passo humano e do machado,
> Onde apenas, horrendo, ecoa o brado
> Do tigre, e cuja agreste ramaria
>
> Não atravessa nunca a luz do dia
> Assim também, da luz do amor privado,
> Tinhas o coração ermo e fechado,
> Como a floresta secular, sombria...

Hoje, entre os ramos, a canção sonora
Soltam festivamente os passarinhos.
Tinge o cimo das árvores a aurora…

Palpitam flores, estremecem ninhos…
E o sol do amor, que não entrava outrora,
Entra dourando a areia dos caminhos.

Que amor triunfante! Que egoísmo quase feroz de felicidade! Olavo Bilac amou quanto se pode amar! E foi correspondido. Isso é que é raro nos poetas brasileiros. Geralmente levam tábua. O amor glorioso da "Via-Láctea" é um alívio solaz para quem lê os outros poetas da terra de Santa Cruz.

De outros trechos admiráveis deveria falar, incluídos nas *Poesias*… Seria muito longo. Os bons poemas, cheios de poesia, não são poucos.

Creio ter dito mais atrás que Bilac foi um eloquente… Confirmo o que disse. Mas quanto mais lhe observo a obra, mais estou certo de que foi um sincero. Mesmo nos trechos mais enganadores da sua eloquência poética, nos "Versos a um violinista", na famigerada "Alvorada do amor" (em que o tema do "Eva" de Luís Delfino, já aproveitado por Raimundo, se repete) ou na "Paráfrase de Baudelaire", por exemplo, creio na sinceridade de Olavo. Ele foi apenas e essa é a verdade a que atingi pelo manuseio familiar da sua obra, foi apenas um deslumbrado, um escravo… um deputado da Beleza. Tanto assim que a sua técnica é larga, livre, variada no *Poesias*. Não há, percebe-se muito bem pela não repetição sintomática de certos processos técnicos de efeito seguro, a preocupação de agradar e "épater le bourgeois". Sinto essa preocupação em Raimundo. E ainda mais: considero-a insincera, antiartística, muito embora me possam apedrejar com trechozinhos seletos de Mário Pilo e até de Soffici (futurista). Bilac foi sincero. Teve a preocupação de construir belo. Mas um dia teve a visão perturbadora da puerilidade de seu esforço. Como todos os artistas sinceros duvidou da sua obra; e:

> Prende a ideia fugaz; doma a rima bravia;
> Trabalha... e a obra, por fim resplandece acabada:
> "Mundo, que as minhas mãos arrancaram do nada!
> Filha do meu trabalho! ergue-te à luz do dia!
>
> Posso agora morrer, porque vives!" E o Poeta
> Pensa que vai cair, exausto, ao pé de um mundo,
> E cai – vaidade humana! – ao pé de um grão de areia...

Quando no horizonte do seu admirável espírito, as visões impetuosas da mocidade se esgarçaram e chegou a razão de "Frutidoro", Olavo não tinha mais a meu ver a mesma habilidade, a mesma virtuosidade carusiana dos primeiros tempos. Então os processos técnicos tornaram-se mais repetidos. As eloquências empolaram-se, repetiram-se. A preocupação de agradar apareceu. Tenho que provar meus assertos.

Bilac, depois de reunidas num volume as *Poesias*, não publicou durante a vida mais nenhum livro de versos. *Tarde* foi uma promessa de anos seguidos, que o já agora incontentado artífice hesitava em dar à luz. O poeta, à medida que perdia, com o rodar dos anos, o viço, o ímpeto, a facilidade dos primeiros tempos, acendrava cada vez mais o seu fetichismo pela Perfeição. Não mais a amava como a mulher nua "toda nua da cabeça aos pés", mas como a mulher vestida bem-falante e – caso mais raro – bem pensante.

> Ao ombro a clâmide espartana, ao peito
> A égide adamantina, érea, inteiriça,
> No braço esquerdo o escudo, e no direito
> A espada da justiça.

Nem na febre da estética profunde
Mas teu olhar, buscando-lhe a nudeza
Perlustrar do seu corpo: mapa-múndi
Da suprema Beleza.

(Os críticos engoliram o mapa-múndi. Sem trocadilho).

Pinte-a, ideando-a só..............................
..............................Sem, tremenda injúria!
A túnica lhe abrires de alto a baixo...

Olavo no limiar do novo livro citava Dante e admiravelmente. Continuo a acreditar na sinceridade do artista. Mesmo a repetição de processos, mesmo a fraqueza da pretensão de agradar, não as acredito friamente meditadas como no poeta de "As pombas", mas inconscientes. Os meios-dias são sempre mais monótonos que as auroras.

Isso tudo não impede que *Tarde* seja um livro inferior. Tais são, tão salientes os artifícios e tão repetidos que muito bem provam o esforço do poeta decaído da poesia e a sua parca inspiração.

"Longe do estéril turbilhão da rua" meditou e escreveu. Trabalhou, teimou infelizmente, mesmo quando a inspiração não lhe dava alas à pena; limou; sofreu sem dúvida; creio mesmo que estuou. Mas infelizmente ainda a forma brilhante não conseguiu disfarçar-lhe o esforço... Muito menos a imagem surgiu, nua, "rica, mas sóbria, como um templo grego". Passado o primeiro deslumbramento que os versos de *Tarde* produzem, os que mais observaram a obra, com isenção e com justiça, puderam bem perceber "na fábrica o suplício do mestre". O efeito agradava, mas não era natural e lembrava "os andaimes do edifício".

E sou obrigado a provar quanto afirmo! Um esforço! Tenho horror a essa mania odiosa de escorchar a obra de um poeta. Lembra-me Paul Fort sorrindo aos críticos:

*Mesurer le niveau des larmes, des grandes larmes poéti-
ques de ces*
*"Messieurs de la métrique" est pour vous l'œuvre sans
alarme.*

Mais me horroriza, porém, a pecha de caluniador.

O processo de construção do soneto "Ciclo" é dum efeito admirável: consiste em repetir no fim das quatro estrofes uma mesma frase, com modificação do verbo apenas. Assim no "Ciclo" do primeiro quarteto: "Sonhar!", o segundo "Amar!", primeiro terceto: "Pensar!", segundo: "Lembrar!" A mesma construção repete-se em "Respostas na sombra", em "O cometa", em "Prece". Neste último há uma variante, em que a frase "Tu fôste a só" está no princípio e não no fim do 1º terceto.

A mania das chaves de ouro acentua-se; mas o poeta não tinha mais a mesma facilidade em descobri-as. Partira a primavera em que, no "Caçador de esmeraldas", nababescamente ele derramara o seu ouro em quase todo fim de estrofe! O poeta não habitava mais a Califórnia da inspiração juvenil!

Como as duas torres duma igreja acostumou-se o poeta a fechar os seus sonetos com dois versos de construção absolutamente semelhante.

Primeiro exemplo que aparece no livro:

> Orfeu humanizando as feras,
> São Francisco de Assis pregando às aves.

As mesmas frases geminadas aparecem ainda em fins de sonetos às págs. 27, 31, 39, 41, 117, 127, 131, 177, 185, 189, 203, 205. E ainda nos quartetos, págs. 142, 144, 184, 188 e 200.

Francamente não esperava que as minhas asserções tivessem tão esmagadora comprovação: 13 sonetos terminados pelo mesmo processo estatístico! Dá ideia dum aluno principiante de Albalat… Mas agora continuarei até o fim.

O admirável alexandrino final do soneto "Só" das *Poesias* repete-se no alexandrino final do soneto "Crepúsculo dos deuses".

"Sem ar! sem luz! sem Deus! sem fé! sem páo! Sem lar!" no "Só"; e no "Crepúsculo dos deuses": "Em cinza, em crepe, em fumo, em sonho, em noite, em nada!"

É uma enumeração. Mais adiante falarei das enumerações. O mesmo processo ainda se repete na "Oração a Cibele" no fim do 2º quarteto:

Fonte! berço! Mistério! Isis! Pandora! Ceres!

No "Caçador de esmeraldas" dissera o artista:

E do céu todo verde as esmeraldas chovem

Na *Tarde* repete o artífice:

Sobre a triste Ouro Preto o ouro dos astros chove.

O admirável e esquecido Cruz e Sousa, poeta genuíno, visionário, usava de quando em quando encher os decassílabos com longas palavras, três ou duas

Melancolias e melancolias,

Embora ansiosamente, amargamente,

o que dava a seus versos um ritmo largo e embalador dum extraordinário efeito.

Bilac usava com frequência do mesmo processo nos decassílabos de *Tarde*.

Aliás encontro uma influência do poeta negro nos versos de *Tarde*. Ser-me-ia talvez um tanto difícil explicá-lo... Por isso não afirmo. Sinto.

O alexandrino presta-se ainda a uma arquitetura que, duma singular maneira, explica o seu esqueleto. É a subdivisão do verso em duas redondilhas menores absolutamente iguais na estrutura. Exemplo:

Perpetuação da vida. Iniciação do nada.

Olavo abusara já ridiculamente do processo na "Paráfrase de Baudelaire". O mesmo sistema pode ser transplantado para o decassílabo naturalmente com desigualdade de metros nas partes em que se divide o verso. Exemplo:

Para a maternidade e para a glória.

Acabam assim, os sonetos "Hino à tarde", "Língua portuguesa", "Sonata ao crepúsculo", "Dualismo", "Milton cego", "Natal", "Maternidade", "Os amores da aranha", "Os amores da abelha" (penúltimo verso), "Avatara". Muitas vezes o expediente aparece ainda no interior dos poemas.

Quando, parece-me que numa festa da Cultura Artística, Olavo disse, no Salão do Germânia, grande número de sonetos do então anunciado livro *Tarde*, a primeira vez que o ouvi tive já a impressão de que os seus poemas se repetiam. Não sabia explicar bem a causa do meu sentimento, tanto mais que uma simples audição não me permitira o exame pormenorizado dos poemas. Eu era nesse tempo um parnasiano iluminado e convicto. Vivia à cata de versos de ouro para escrever sonetos. Não juro que todos os parnasianos sejam assim. Eu era. Infeliz! Com a publicação em revistas dos versos de Olavo, compreendi o processo e… até roubei-o. Grande número de estrofes não passavam de simples enumerações:

És tudo: oceanos, rios e florestas;
Vidas brotando em solidões funestas
Primaveras de invernos moribundos.

Mesmo sonetos inteirinhos nada mais eram do que enumerações fastidiosas, pela continuidade do uso, apenas com uma ideia para as unir. Vede "Caos":

No fundo do meu ser, ouço e suspeito
Um pélago em suspiros e rajadas;

Milhões de vivas almas sepultadas,
Cidades submergidas no meu peito.

Às vezes um torpor de águas paradas...
Mas, de repente, um temporal desfeito!
Festa, agonia, júbilo, despeito,
Clamor de sinos, retintim de espadas,

Procissões e motins, glórias e luto,
Choro e hosana... Ferver de sangue novo,
Fermentação de um mundo agreste e bruto...

E há na esperança, de que me comovo,
E na grita de dúvidas, que escuto,
A incerteza e a alvorada do meu povo!

Estas enumerações repetem-se no livro às páginas (os números ligados pela conjunção representam um soneto inteiro): 14, 22 e 23, 50 e 51, 58 e 59, 64 e 65, 72 e 73, 86 (2º quarteto), 87 (1º terceto), 88, 89, 90 e 91, 104, 105 (1º terceto), 108 e 109, 114 e 115, 126 e 127, 134 e 135, 136, 154, 159, 164, 168 e 169, 170, 198. É assombroso que o espírito lúcido de Bilac não tenha descoberto a monotonia, o fastio, nascente dessa cadência literária. E posso ainda ajuntar que não assinalei senão as páginas em que o processo será facilmente reconhecido mesmo pelo leitor mais idiota.

Paro aqui o estudo anatômico do estilo de *Tarde*. Confesso que não descubro outros artifícios salientes. Se os descobrira, auxiliar-me-ia deles; garanto.

O construtor, na sua última fase, não conseguiu desnudar a Beleza; não a apresentou no régio deslumbramento da sua perfeição e verdade; mascarou-a. Gesticulou. Berrou. Foi eloquentíssimo. Lembrou-se de que era deputado...

Não me detenho sobre a falsidade de alguns temas. Lapidar-me-iam. Mas tenho uma vontadezinha de avançar que justo em *Tarde* Olavo foi mais... parnasiano. Não sei se me compreendem...

Há no livro que analisei alguns poemas admiráveis. Fora injustiça passar em silêncio essa verdade. Não só pela perfeição técnica, valem eles; mas pela ideia também. Assim "Ciclo", "Língua portuguesa", "Dualismo", "Respostas na sombra" (talvez pela maneira com que o ouvia recitar numas reuniões dominicais de que me não esqueço), "A um poeta" e o formidável "O cometa".

Quando devorei *Tarde* pela primeira vez, o meu pensamento parou estarrecido (não sei se me compreendem) diante destes versos:

> Um cometa passava... Em luz, na penedia,
> Na erva, no inseto, em tudo uma alma rebrilhava;
> Entregava-se ao sol a terra, como escrava;
> Ferviam sangue e seiva. E o cometa fugia...
>
> Assolavam a terra o terremoto, a lava,
> A água, o ciclone, a guerra, a fome, a epidemia;
> Mas renascia o amor, o orgulho revivia,
> Passavam religiões... E o cometa passava.
>
> E fugia, riçando a ígnea cauda flava...
> Fenecia uma raça; a solidão bravia
> Povoava-se outra vez. E o cometa voltava...
>
> Escoava-se o tropel das eras, dia a dia:
> E tudo, desde a pedra ao homem, proclamava
> A sua eternidade! E o cometa sorria...

Reli. Tornei a ler. Creio mesmo que treli. Qual! não compreendia! Que diabo! Olavo fizera simbolismo! ou coisa que o valha? Não podia ser! Reli. Qual! não entendia! Senti que me pesava a minha alma parnasiana! Joguei-a fora. Eureca! Esplendor! Fecundação! As palavras brilhavam como vidas. As ideias palpitavam com profecias. Corri tirar da minha biblioteca o Palazzechi (futurista) e ouvi de novo o príncipe Zarlino – *il pazzo volontario* – que dizia: "*Mi piace di spogliarmi nudo innanzi a tutti, poi sono re, sono fabbro, sono ragno, sono tavola, sono il sole, sono la luna, sono tutto quello che mi pare e piace. Una notte io fui cometa, fra le due torri della villa era appesa la mia coda di tela d'argento illuminata da appositi riflettori elettrici, e rimasi lassù un'intera notte, e mi sentii veramente cometa, io non fui più uomo, nulla, io fui astro. Udii tutto ciò che si disse di sotto, l'osservazione dei ricoverati, degli inservienti, e intanto mi sentivo così lontano dalla terra, su, su alto nel cielo...*

Raccolsi tanto di sensazioni che sono nella mia mente come un bel poema vissuto che si intitola: 'La cometa'."

Bilac um dia na vida fora o príncipe Zarlino – *il pazzo volontario.*

Mal hajas tu, mendaz Fortuna! Fizeste com que o deputado da Beleza sonhasse o que sonhamos todos nós – a criançada de hoje – com os nossos olhos abertos: o futuro sincero e libertário da poética brasileira!

"E de ambos vives a zombar assim!"

Post-scriptum
Um plágio

Uma, dentre as bordoadas que apanhei pela *Gazeta*, me foi especialmente dolorosa. Acusaram-me de plagiar José Veríssimo... Fiquei horrivelmente abatido. E era verdade. Lera já tal elogio ao verso de Heredia, que repeti. No entanto, pudera mentir, asseverando ignorar a crítica indígena, sem que me pudessem indigitar como ignaro por isso. Mas li e plagiei. É verdade. Digo que plagiei porque efetivamente a minha opinião nascera da outra, e me lembrava de ter qualquer coisa aprendido sobre o alexandrino formosíssimo. Fiquei abatido. Abatidíssimo. Depois tornei a ficar alegre. Alegríssimo. Que fazer contra a intenção tão pura de senhor tão erudito a ponto de ler o casto José? Meu consolo é que podia receber mais 535 bordoadas por 535 outros plágios idênticos de autores que o meu acusador desconhece... Olé!

M. A.

VI
Vicente de Carvalho[13]

> *Per una oculta simpatia, anche*
> *il mio corpo, freme, sebbene in riposo.*
>
> A. Soffici (ex-futurista)

Já disse, na "Glorificação", que o Sr. Vicente de Carvalho tinha um parentesco assaz tênue com o parnasianismo. É verdade. O autor dos *Poemas e canções* não é legítimo parnasiano. Apenas soube aproveitar da escola poética de Bilac os grandes benefícios que trouxe, no Brasil, para a construção do verso. Metrificação mais perfeita, adjetivação mais viva, maior variedade nas rimas... Como é, porém, homem de muita inteligência, acredito que, mesmo sem o exemplo do parnasianismo, seria um artífice hábil, cuidadoso; pois buscaria no passado exemplo de mais bem cuidada arquitetura como Bocage, por exemplo, ou Machado de Assis – sempre correto desde as suas primeiras obras poéticas. Questões de espírito estudioso e observador. Victor Hugo também, sob o ponto de vista da técnica, é duma habilidade maior que a de Leconte ou Banville. Sua metrificação é mais natural e mais livre. Das suas rimas, diz Guyau (que eu não me daria a esse trabalho, olé) 90 por cento são perfeitas.

---

[13] ANDRADE, Mário de. Mestres do passado – VI: Vicente de Carvalho. *Jornal do Comércio*, São Paulo, 23 ago. 1921. (N.E.)

Mas o Sr. Vicente de Carvalho sobre ser artífice inteligente, é genuíno artista. Mais poeta que todos os metrificadores da sua geração.

Julgo de justiça indagarem-me de qual o critério em que me movo para distribuir os cinco poetas em artífices e em artistas. Devo resposta. Temo, porém, não explicar claro. A questão é difícil. Necessitaria talvez um espírito mais lúcido e mais instruído. (Sem modéstia. Odeio a modéstia cabotina dos literatos.) Mas vamos tá!

Antes de mais nada: tenho uma concepção da Arte absolutamente diversa da imaginada pelo senso comum; sem todavia afastar-me do bom senso. E não estou sozinho. Arte não é só construção de Beleza; nem este é o seu maior fim. Em algumas épocas, sei que a isso ela foi reduzida; mas apesar desse erro, nunca os verdadeiros artistas dessas épocas assim a tomaram integralmente. O luxo e o progresso da época de Praxíteles conduziu-a na estatuária a esse aviltamento. Na Renascença a arquitetura francesa, a pintura veneziana também assim a entenderam. Naturalmente gênios, como Ticiano, Pedro Lescot, afastaram-se muitas vezes desse desvio da arte. O mesmo depois se deu com os gênios austríacos Haydn e Mozart, apesar da inteligência puramente formal que tiveram da música. David, seguido por Ingres, assim compreendeu a arte. Ruskin e discípulos mais ou menos também. E ainda os parnasianos e os filhotes dos parnasianos, E não disse todos.

Mas ninguém pode chegar à concepção verdadeira duma ideia, observando-a no seu esplendor, porque os esplendores são na generalidade épocas de pletora em que o luxo, os prazeres carnais, o orgulho, a insensibilidade (ou o esnobismo de sensibilidade) desvirtuam o caráter dessa ideia. É preciso ir-se ao início do início para saber-se como a ideia surgiu.

Que se sigam as teorias de Spencer ou Darwin, Riemann ou Ingenieros, Combarieu ou Tolstói, a arte deriva da necessidade de expressão do homem. Os sentimentos e pensamentos deste bicho eminentemente social requerem uma saída, uma exteriorização que os torne compreensíveis à companheira ou companheiros. Da crítica desses sentimentos já manifestados por qualquer forma de gesto (movimentos do corpo, mutação da máscara, sons inarticulados e posteriormente articulados) nasceram muteose, orquéstica, melodia, poesia, todas as artes. A estilização ou reprodução realística desses gestos primitivos (que também podiam ser originários duma comoção produzida pelo belo da natureza) dirigiram-se acaso para o fim único da reprodução da Beleza? Absolutamente não. Sem dúvida que se foi da crítica dos sentimentos iniciais manifestados que nasceram as artes, houve no homem desejo de construir mais belo pela reprodução correta (e aumentada) e pela estilização. Mas, mais do que isso foi o desejo de expressar sentimentos e pensamentos de significação lírica que levou o homem a criar as artes. Tanto assim que estas se dirigiram para liturgias singelas, toscas, com que o homem pretendia aplacar a cólera de Deus. Cólera de Deus. Cólera que ele cria manifestada na violência dos fenômenos naturais.

Dirigia-se ainda para as operações de magia. Dirigia-se também para os combates de amor – expressão de força, de saúde, de alegria, de macho encantando a fêmea; ou era enfim o berro das vitórias ou o choro dos vencidos, na luta pela vida. Tudo comoções, sentimentos, pensamentos. Misticismo, desejo, coragem, covardia, temor, felicidade, orgulho...

Inda hoje estes são os fins, este é o critério da arte dos selvagens-fantasmas, mais ou menos exatos do homem primitivo. A arte para eles tem um fim litúrgico na vida. É uma manifestação ritual de religiosidade, vitória, tristeza, etc.

E como tudo neste mundo é um dia-e-noite,

tudo é renascimento,

o grito literário, embora prenhe de erros, do insultado futurismo (que quase pessoa alguma conhece bem no Brasil) não é mais do que um primitivismo, uma volta idealmente errada à primeira concepção da arte.

A reprodução insulada da Beleza em arte é posterior. Vem de um lazer. E mesmo o enfeite, o adorno do homem que vence a mulher pela boniteza com que se almofadiza, tal como o sabiá que melhor afina o canto quando no cio, não são, seria até ridículo afirmá-lo, uma exteriorização esporádica, desinteressada, livre do belo, mas a extrinsecação de uma forma maior, de uma vitalidade mais eficaz.

A fixação de uma beleza artística deriva já de uma maior intelectualidade, de um espírito já mais desenvolvido, porque repousa sobre convenções artificiais, absolutamente inadmissíveis numa inteligência demasiado bronca.

As artes todas, mais umas, outras menos, repousam sobre convenções que pressupõem um raciocínio desenvolvido. A palavra é um símbolo convencional; as flexões verbais, as cambiantes sintáticas são um desenvolvimento pausado e lento dessa convenção. A reprodução da perspectiva, dos volumes na pintura, que se utiliza de superfícies, é convencional. A fixação dos movimentos na escultura pela distensão dos músculos ou posição dos membros, como dos sentimentos pelo esgar da máscara, é convencional, porque simboliza com linhas e volumes imóveis coisas móveis como o gesto, a dor, a vida. A arquitetura tirou, principalmente na parte técnica, observações da natureza, mas das artes do espaço é a que menos se inspira no belo natural – tanto assim que Lucílio de Tarra a irmanava à música. Só o som não é uma convenção simbólica. O som é o som. É um meio de expressão de sentimentos e... de pensamentos, se quiserem, natural ao homem. E tanto não é uma convenção simbólica que de todas as artes a música é a mais incapaz de reproduzir o belo da natureza, é a que menos se compreende e mais se sente porque é mais da alma e mais ideal. Não falo da dança, porque a dança primitiva é uma manifestação puramente religiosa na evolução dos ritos ou sensorial como gesto de prazer, de bem-estar, de sensualidade. Ora, a superposição da expressão do Belo à expressão dos sentimentos pressupõe um raciocínio mais elevado ainda, pois usa de convenções mais arbitrárias.

Assim a pintura exorbitante da sua "verdade", a superfície, para representar uma terceira dimensão; a escultura criando para si, na Grécia, um belo ideal; a arte dos sons imaginando a música programática da qual a primeira manifestação conhecida, creio que é o cânone, "*Summer is icumem in...*" do século XIII; a poesia criando metros que se não baseiam mais na "verdade" da sílaba e do ritmo livre das palavras que revestem a ideia, mas na junção das sílabas e da soma das palavras para um número arbitrariamente determinado, ou criando a rima pela evolução das assonâncias onomatopeicas; e assim por diante. Mas a ideia de arte é anterior a todas estas preocupações mais ou menos justificáveis: pois, como já disse, nasceu da crítica e da estilização dos primeiros gestos expressivos dos primeiros seres dotados de alma intelectual, descendentes do esquivo e enigmático primata.

Assim o belo artístico, dependendo de uma maior intelectualidade não entra senão com minúscula parcela (esta mesmo mais inconsciente do que real) na concepção de arte do homem primitivo. Historicamente isso se prova pelos raciocínios de Darwin, Reinach, Maspero, Combarieu e outros mais. Sei também que M. Boule manifesta no seu livro de pré-história (*Les Hommes fossiles*) publicado este ano, opinião diversa. E nem é o único. Muitas opiniões há que contrariam a minha. Mas não tenho com estas páginas a veleidade de repetir o que só o divino Rabi pôde exclamar, porque era Deus: "Sou a Verdade!" Minha ousadia está em manifestar "minha verdade"; quando parece que, no Brasil, só tem direito de falar verdade o conferencista louro e rubicundo que de longe vem. Voltemos à Arte.

Como para a definição de uma ideia, porém, não basta entendê-la na sua manifestação inicial, mas é preciso considerar as suas diversas manifestações, embora observemos todos os grandes estágios da arte, desde as construções de Salisbury, até a poética de Canudo, veremos que ainda assim, sempre nos verdadeiros artistas o fim propulsor da Arte não foi a realização egoística e quase sáfara da Beleza. O santeiro anônimo não esculpe no pau o aborto, em que verá a imagem da Senhora, para realizar o Belo, mas para manifestar a sua fé simplória e sublime, e a crença da coletividade que representa. Molière também não esculpiu nas suas frases o manequim de Tartufo para realizar o Belo, mas para expressar um aspecto inspirador da vida. A Comédia é um pensamento e uma elevação, antes duma arquitetura da Beleza. A canção de Catulo Cearense – o maior lírico brasileiro de todos os tempos – antes de ser também arquitetura de Beleza, é uma extrinsecação de comoções ante a natureza e o amor.

Enfim: a Arte, a meu ver, é a expressão dos sentimentos e dos pensamentos por meio da beleza; e não foi, senão em tempos de confusão e desvio do seu destino, uma reprodução maninha do Belo. E tanto mais é vergonhosa esta última compreensão, que o homem astutamente se serve dos sentimentos e da comoção, que estiliza, para tomar bela a sua obra e bancar o artista!... A mim, chamam-me cabotino porque expresso livremente as minhas verdades, as minhas comoções sem preocupação consciente de fabricar a Beleza. Como chamar todos aqueles que sorrateiramente mascaram com comoção e sentimento uma moda passageira e caduca de Beleza? Serão naturalmente chamados de artistas.

Mas chega a hora de aplicar o meu critério. Nego que a Arte seja a reprodução do Belo somente, e acredito ser ela uma objetivação do humanismo psíquico. Arte é, antes de mais nada, um meio de o homem expressar livremente para consolar, para elevar, para se comunicar, tudo o que é moto lírico, que lhe vai nalma. O conceito do Belo pode e mesmo deve entrar no pensamento do artista. É certo que entra, pois, mesmo quando conscientemente o artista não pense em construir belo, a preocupação de "agradar" trabalha no subconsciente. Mas essa preocupação não deve ser total,

tu foste a só!

a única, porque o artista deixaria de ser artista para ser artífice; para ser um simples escravo, beneditino ou idólatra da implacável Afrodite, "*The white implacable Afrodite*" como disse Swinburne,

Cópia divina da Beleza nua.

Os nossos parnasianos foram bem fraquinhos artistas. Mesmo: poetas paupérrimos Francisca Júlia e Raimundo. Por quê? Refrearam seus próprios sentimentos e inspiração pelo preconceito de realizar a Beleza com Bilac e o Sr. Alberto de Oliveira em grande parte de suas obras; ou porque não tinham em quantidade infinitesimal como o autor das "Pombas" e a bordadeira em ouro dos "Argonautas", a vocação, o espírito fantasioso, a vibratilidade, a nervosidade, a loucura, se preferir o Dr. Franco da Rocha, dos poetas legítimos. Só estes podem metamorfosear os seus mínimos sentimentos, as suas mais corriqueiras e quotidianas sensações em estados de consciência líricos, em volições criadoras de poesia.

Minha asserção seria mais fácil de sentir que de provar, não tivéssemos a confissão de todos esses empreiteiros de metros sábios e rimas sapientes.

Francisca Júlia:

> Musa! Um gesto sequer de dor ou de sincero
> Luto jamais te afeie o cândido semblante!

Raimundo Correia:

> Mas não; voa serena! (à Musa)
> Longe da turba egoísta, que os meus gozos
> Afeia e envenena,
> Leva-me a um doce e plácido recesso;
> Como a Banville e Mendes gloriosos
> Levaste além do inquieto e ovante Sena
> Às margens do Parmesso!

Sr. Alberto de Oliveira:

> Morreste! (*as namoradas mortas do poeta são legião.*
> *Já é ter caguira*).
> Morreste! Mas mulher, o que ora invade
> Meu ser inteiro, súbito ferido
> É a saudade do ídolo partindo,
> Não a vulgar e pálida saudade;
> É a saudade do mármore...

Olavo Bilac:

> Mas, ah! que eu fique só contigo,
> Contigo só! (*a deusa serena, a Forma*).

Do Sr. Vicente de Carvalho nem um grito assim em favor da vida antiga, nem um só rapapé à Forma ou à Beleza impassível. Nem nas "Ardentias". Nos olhos duma senhora "pálida e fria" ("lá me faltava este espinho") qual imagens de Vênus ou recordações do mármore frígio! Nada disso, o Sr. Vicente de Carvalho deixou a Grécia em paz. Bendito seja! Nos olhos da senhora pálida e fria imaginava

> Os esqueletos brancos das montanhas
> Sob o véu transparente das neblinas.

O rapsodo de "Fugindo ao cativeiro" não teve fetichismos nem idolatrias pela Forma ou pela Beleza. Foi correto e despargiu belezas sem conta pelos seus versos. Mas se cantou foi porque devia cantar, sentia a necessidade de cantar para semear entre os humanos, como um deus bom, as fantasias, a alegria, a felicidade ambiente da natureza, a consolação do exemplo das suas próprias tristuras, o alívio das suas canções embaladoras – versos nascidos de tudo que viu e sentiu na vida e transformou, por ser dotado de fecunda imaginação construtiva:

> Nos sonhos que sonhou de olhos abertos.

Na velhice iluminada de glórias que hoje goza, mesmo cercado de joelhos penitentes que em redor dele batem no chão, mesmo cego pelo rebanho de dedos escritores que lhe ofertam ouro, incenso e mirra, pode estar certo de não só "ter vivido em plena claridade". Foi maior o seu destino; e o cumpriu.

Essa claridade, que viveu, ele no-la também faz viver no seu livro imortal dos *Poemas e canções*. Pode agora, na intimidade remansosa da família correr uma existência de descanso e paz. Não faça mais versos, porém. Ou faça, se quiser; mas não os publique. Perdeu a inspiração. As suas ironias agora são sarcasmos, sem o sofrimento que os dignifica. As suas canções são um lirismo sem juventude. A claridade agora passou de lâmpada de mil velas para uma vela só. E bruxuleante. Na arrogância viril de minha mocidade (que tal o alexandrino?) é o conselho que lhe dou. Muitas vezes convém a Mentor seguir avisos de Telêmaco.

Na reedição de 1917 do seu livro, há uns trechozinhos novos, espirituosos, detestáveis, horripilantes. Que dizer desta versalhada, por exemplo:

"Nem mesmo com uma flor" …
Diz o provérbio árabe. Parece
Que bem mais e bem melhor
Diria ele se dissesse:
Nem mesmo com uma frase
　　Sequer,
Seja ela embora tão leve
　　Ou quase
Como a mais leve pluma,
　　Se deve
　　Bater numa
　　Mulher.

Se o artífice Sr. Vicente de Carvalho tivesse pousado os olhos em "La Prose du Transsibérien" (poème de Blaise Cendrars, couleurs simultanées de Mme. Sonia Delaunay), lá encontraria este aviso:

Les lointains sont par trop loin
Et au bout du voyage c'est terrible
D'être un homme avec une femme.

Salvam-se alguns sonetos talvez… Acredite o admirado (por mim) poeta: são muito raras as velhices-de-Verdi. Geralmente o que acontece são "Velhices do Padre Eterno".

Um preconceito vazio, trocadilhos vazios e um martelo insensível a bater metros vazios.

E não estudo o poeta. Notar-lhe talvez a alegria, levemente sarcástica, deliciosamente sentimental e irônica com que compreendeu a vida?… Referir alguns defeitos que pouco importam, por que são contingências de toda a obra vivida?… Dizer que "Rosa, rosa de amor" é uma obra-prima?… Medir a capacidade das águas lacrimais que produziram "Fugindo ao cativeiro", "Pequenino morto", "Fantasias ao luar", "Palavras ao mar", "Velho tema", "Cantigas praianas"?... Descobrir-lhe o "sentimento da natureza", depois do que fez Euclides, que também o tinha?... Não vale a pena.

O Sr. Vicente de Carvalho é um dos maiores poetas brasileiros. Coloco-o junto de Cláudio Manuel (vede bem que é Manuel e não "de Sousa"), de Basílio da Gama, de Dirceu, de Álvares de Azevedo, de Varela. Um pouco acima: Castro Alves. Muito acima: Gonçalves Dias, sozinho.

Quanto ao Sr. Alberto de Oliveira e a Olavo Bilac, tenha paciência a idolatria dos brasileiros, estão um degrau, um degrauzinho abaixo do Sr. Vicente de Carvalho.

Convém, porém, notar que disse do artista, sobre o qual hoje penso ser um dos maiores poetas brasileiros. Não falo do mundo, como é costume brasileiríssimo falar. A nossa poética, diante da de certos países mais velhos, tem assim um ar de criança ranhosa, suja, malcheirante. Gosto muito de crianças. Pouco, porém, das ranhosas, sujas e malcheirantes.

VII
Prelúdio, coral e fuga[14]

> *Eh quoi! Peut-être aussi c'était mon naturel:*
> *Je fus doux, étant dur, étant sombre;*
> *Je voulus faire un dieu de tout ce temporel,*
> *Et je traîne après moi des fantômes sans nombre.*
> J. Moréas

---

[14] ANDRADE, Mário de. Mestres do passado – VII: Prelúdio, coral e fuga. *Jornal do Comércio*, São Paulo, 1º set. 1921. (N.E.)

Prelúdio

E nada quis imitar o místico César Franck, ao roubar-lhe o nome da música para coroar meu derradeiro artigo. O grande belga era todo voos para um céu impassível de ventura. Esta minha grita nada mais é que pincho rastejante pela terra. Mas a culpa é destes parnasianos – corredor sem ventiladores, fechado por todos os lados, onde não pode a gente levantar o espírito sequer à altura dum *looping*. Ao menos quero me concedam ser este meu voo-de-curiango, um voo diurno, alegre e pressago. Tudo o que disse se resume em três palavras: Hino à Vida e à Alegria. E com estas três palavras maravilhosas e lindas de minha língua, faço eu mesmo a crítica de meu trabalho, para que os críticos não tomem cuidado de explicá-lo, cobrindo-o de tais bulcões que ninguém mais o entenda. Hino! Vida e Alegria! Dizem que os católicos são tristes… Pois eu sou católico e alegríssimo.

Mas este Prelúdio é a explicação do meu intento. É o prefácio. Colocado no fim: porque assim é mais futurista. De nada valeu esquivar-me ao ágape do futurismo e rir-me dele como de todas as escolas. Depois que o autor da *Estrela de absinto* – estrela de calvário – me chamou de futurista, não posso mais nem espirrar: é futurismo. Pois seja!

Sei que muitos moços me leram. Sem ter certeza de que estou com a verdade, acho que cumpriram um dever. Fizeram bem. Para eles escrevi e por eles quero ser lido. Devo porém evitar pequenas confusões. Esta é a razão do meu Prelúdio. O coral e a fuga se explicam sozinhos.

Antes de mais nada, desejo à rapaziada a minha felicidade: Hino, Vida e Alegria.

Mas é preciso que não confundam Hino com brinde de mesa, Vida com bordel, Alegria com farra.

Não quero mais que acreditem muito nas teorias que mal e mal expus quando, ao falar sobre o Sr. Vicente de Carvalho, sobre ele não falei. Só uma verdade ali é verdadeiramente verdade: Arte se faz com vida e liberdade. Outra ainda: É preciso estudar e ter princípios.

O resto das teorias: pura erudição pernóstica. Cheirinho errado de filosofia. Ciência intrometida. Lembrem-se os moços do sorriso de Montaigne:

La peste de l'homme c'est l'opinion de science.[15]

Outra explicação ainda. Deram pomposamente ao meu trabalho o nome de Crítica. O nome está errado. Há, sem dúvida, nestas linhas algumas reflexões críticas, mas isso não basta para que levem o nome de crítica os "Mestres do passado". Escrevi sorrindo. Escrevi com alma. Crítica se faz com seriedade e método; e não me sujeito, por incapacidade, a método nenhum. E disse as minhas verdades. Mas dizer as suas verdades não implica dizer novidades. É muito possível que grande parte destas observações já tenha a velhice da letra de forma; que importa? Isso prova simplesmente que não estou sozinho.

Aconteceu que na minha estrada deparei uma planície onde 25 milhões de brasileiros poetas, colocados uns beneditinos sobre pedestais de magnífico jacarandá, se tinham ajoelhado e parado a vida, para adorar os tais. Eu era incréu daqueles ídolos; sabia-os incapazes de subir ao céu sem o ajutório dum balão... cativo. Escrever 10 conferências, provando cientificamente a falsidade deles? Seria inútil. Limitei-me a trepar, por trás, nos pedestais e a fazer cócegas. E os ídolos eram tão sensíveis a elas!...

---

[15] O verso correto seria "*La peste de l'homme c'est l'opinion de savoir*", mas optamos por manter conforme original de Mário de Andrade. [N.O].

Fizeram trejeitos impagáveis. Os meus partidários chamaram a isto: Derrubada de Ídolos. Os inimigos: Crítica. Nem uma nem outra. Cócegas. Simplesmente cócegas. Também esta minha visita apressada ao corredor dos Mestres do Passado não é uma negativa absoluta ao valor e à obra desses defuntos. Gosto pouco desses fantasmas, porém admiro-os bastante. Admiro-os pelo quanto obraram, pelo trabalho e paciência que tiveram. Parece-me incrível que passassem toda uma existência na terra tumultuária, medindo pacientemente versos, sem uma só vez sentirem a prisão de Ariel, sem uma só vez sorrirem, errando o alexandrino, para que a vida pusesse a sua carinha faceira e arrebitada no meio daquela procissão de longos e pesados metros puros. Medir pés de versos uma vida inteira! Meu Deus, que sapateiros formidáveis! Não os amo porém. Com os produtos enganosos de sua fábrica obstruíram nosso futuro e nosso passado literário.

Com o aparecimento deles desapareceram os poetas antigos brasileiros. Porque Bilac escreveu "Morte do tapir" ninguém mais lê os *Timbiras*, "Última jornada" do sublime Machado, o magnífico *Uraguai* de Basílio da Gama são abortos duma infância fragílima! Porque Bilac escreveu friamente sobre "Frineia", não existem mais comoções e amores no Brasil. Não brotam mais as lágrimas. Não irrompem mais os gritos nem as risadas. E Castro Alves, Fagundes Varela, Álvares de Azevedo, Dirceu, e Porto Alegre e Gregório de Matos são pueris manifestações de sentimento e de vida. Ninguém mais sabe transportar-se ao tempo deles para compreendê-los. Pudera! Foram parar na Grécia! Depois de visitar o Partenon, quem pode admitir a arquitetura literária e movente,

> dos jacarandatás, das maracanaíbas,
> canjeranas e ipês, ubatás e braúnas

E os pobres poetas antigos foram lançados ao lixo como adornos gastos sem valor. Um ou outro antiquário conserva-lhes as obras mais por mania do que por sincera compreensão. No entanto, foram mais poetas e mais artistas, embora infinitamente menos artífices, do que todos os Mestres do Passado. Estes reproduziram a Beleza... Não há dúvida. Mas viram dela unicamente as formas; não conseguiram penetrar-lhe os olhos.

Ses yeux, ses larges yeux aux clartés éternelles.[16]

Os antigos não conseguiram descrever perfeitamente braços e pernas da Beleza, mas visitaram-lhe os olhos. Eu ainda prefiro uns olhos onde se espelhe a claridade eterna duma alma a um recorte de seio tão curioso com "uma torre de marfim".

E os críticos? Os críticos abandonando história, evolução, tradição, atarantados com o venenoso esplendor dos Mestres do Passado, só falam nestes. Só a estes vão as palmas, só a estes elogios e glorificações. Não pode ser!

Quanto: ao presente... Horror! Temos, segundo esses medíocres de paciência, de só fazer alexandrinos perfeitamente hemistiquiados! Qualquer manifestação mais perturbada, mais sentida, mais moderna: "infâmia, cabotinismo, charlatanismo"! E ignaros, perversos, cães de guarda raivosos contra ladrões e parentes, sem calcular intenções, sem imaginar sinceridades, oprobriam os novos com risotas, ironias incansáveis, baldões vertiginosos. A mim, pois que tenho direito de falar de mim (isto é prefácio) porque o amor dum amigo – que bem se meteria na coleção dos ursos de La Fontaine – me chamou à balha, sou o futurista ridículo, o burlão, o almofadinha frequentador de chás-das-cinco, pernóstico e

---

[16] O verso correto seria *"Mes yeux, mes larges yeux aux clartés éternelles."*, mas optamos por manter conforme original de Mário de Andrade. [N.O].

desavergonhado. E por mais energicamente que dissesse não ser futurista, não me escravizar a escola alguma, e ser um atormentado pesquisador da verdadeira significação da Arte, das relações existentes entre Arte e Beleza... Nada. Não me ouviram. Não me quiseram entender, porque preferiam ser cegos dos olhos do espírito, surdos dos ouvidos do coração a ser justos, a ser nobres, a ser caritativos.

Porque nós, os novos de hoje, vos lemos, ó medíocres impolutos! Lemos e sofremos, Nossa sinceridade orgulhosa não nos permite mentir e negar a dor sofrida diante da vossa assuada, de vossos assobios, de vossa ignorância fementida e infeliz, diante das vossas calúnias, diante das vossas burrices. E porque não sabemos chorar lágrimas de olhos por uma dor tão seca, derramamos no coração lágrimas de gasolina. Atingistes o alvo da nossa alegria, tocastes o nosso coração feliz. Fizeste-nos infelizes! Mas... *"I am sure I have received none, unless experience be a jewel"*. Isto é de Shakespeare, estão ouvindo? Não é dum futurista. Pertence à humanidade.

Nós, os novos de hoje, os Dragões do Centenário, tombamos de nossa paz para os guararapes da guerra. E não nos curvamos diante de vós, porque diante de vós somos como homens diante de homens. E homens superiores, mais belos, mais terríveis, porque não mentimos, porque somos sinceros, porque não temos preconceitos literários, porque sabemos amar a juventude estonteada, a meninice inerme, os janeiros e as auroras.

Mas sereis mesmo crítico? Morreu Gourmont! Mas Papini ainda vive, graças a Deus! Quanto a vós, ó críticos de pedra, assassinastes um homem, julgando uma só poesia que não podíeis compreender – escurecidos que estáveis pela ignorância proposital, pela armadura sáfara do preconceito. Críticos ou arruaceiros? Conselho ou diatribe? Não quero porém que imagineis ser isto uma queixa. Nunca! O verificar uma dor não constitui um lamento. Somos melhores que vós para curvarmo-nos diante de vós; somos maiores que vós para rebaixarmo-nos diante de vós; e se na fogueira-de-aleluia de vossos sarcasmos e sanha nos queimastes como a iscariotes da Poesia, sabemos renascer mais puros e mais audazes da cinza da vossa crítica e do vosso veredicto!

Embriagastes-me a mim com as lágrimas de gengibre que me fizestes verter, e odiei os Mestres do Passado, que admiro, mas cuja paternidade renego. Sois vós que, se acaso nestas páginas fui injusto (que de mim não sei), fui mau, fui parcial, sois vós os donos dessas injustiças, dessas maldades, dessas parcialidades. Ó morteiros de irritação dentro dos novos! Ó oceanos das nossas cóleras elétricas, ó arranha-céus dos nossos punhos fechados!... Mas não vos amaldiçoamos, ó críticos, porque nossa maldição vai mais alto. Atinge a mão que vos segura, alcança a lua que vos cegou.

Coral

Malditos para sempre os Mestres do Passado!

Quem são essas nuvens impassíveis que se aglomeram sobre o horizonte do futuro? Quem são esses coriscos, não prenunciadores de tempestades fecundas, mas clarins de raios imobilizados e mortíferos? Quem são esses exércitos de poeira pairando sobre os jardins noviplantados? Quem são estes sóis artificiais, proporcionadores de uma luz irrisória e maninha? Quem são essas montanhas de gelo, balançando em ritmos bivalves e alexandrinos sobre o nosso mar? Por que preferem desviar e resfriar o nosso *gulf-stream*? Quem são essas cadeias? Quem essas mordaças? quem esses hipnotismos? quem essa mentira? essa ilusão? esse deserto?

Malditos para sempre os Mestres do Passado!

O vosso exemplo, ó máscaras de gesso, inda perturbará por lustros e mais lustros a luminosa evolução das artes?

Acaso pretendeis, herbanários medievais, secar as plantas novas que desconheceis, para a riqueza das vossas coleções de raridades, para a população dos vossos catálogos de ninharias? Acaso projetais, ó entomólogos octogenários, senilizar com os vossos olhinhos de gelo o desvairado cantar das cigarras, e escrever numa noite de noroeste vossos livros de ciência estéril, onde sarcasma uma desilusão de amor, onde ironiza a destruição de um símbolo feliz? Acaso entendeis, ó Newtons beneditinos, despejar sobre o dia das cascatas a noite da vossa observação, espantando de sobre as águas móveis o bailado colorido dos arco-íris? Acaso vos propusestes, ó naturalistas germânicos, despovoar os ares da terra natal, dar utilidade aos vossos alfinetes mortíferos, exercendo o bocatortismo dos vossos sentimentos sobre a monção lírica das borboletas?

Tolos e Malditos! Cuspimos sobre vós a nossa maldição e as risadas alumbrastes da nossa cólera, o despeito divino das nossas impaciências! "Guaiai! Carpi! Gemei!" Mas não! o ideal não é Morto! Nem Pã nunca morreu, porque nunca existiu! Existem, sim, as plantas novas florescentes! Existem e se perpetuarão pelo sempre dos dias da Terra as cigarras trovadorescas! Sobre as cascatas há de perpetuamente valsar os raios do Sol, o requebro donairoso dos arco-íris! E sobre os campos como nas clareiras as borboletas esvoaçarão, avançando, ferindo-se, debatendo-se, iluminando, colorindo, despetalando-se, queimando-se, porque as borboletas não param, as mocidades não esperam, ó seus raimundo de correia! Que mereceis ó vós, muralhas? Nosso desprezo? Nunca! O desprezo é infecundo… Mas o paradoxismo criador da nossa maldição.

Malditos para sempre os Mestres do Passado! Que a simples recordação de um de vós escravize os espíritos no amor incondicional pela Forma! Que um olhar passeando por acaso nos vossos livros se cegue à procura de um verso de ouro! Que uma flor tombada de umas mãos infantis sobre vosso túmulo rebente em silvas de tais espinhos que nelas se fira e sucumba a ascensão dessa infância! Que o Brasil seja infeliz porque vos criou! Que a Terra vá bater na Lua arrastada pelo peso dos vossos ossos! Que o Universo se desmantele porque vos comportou!

E que não fique nada! nada! nada!

Fuga

Só eu. E os meus amigos… Não. É preciso que fique também o "eminente jornalista". E os "Bons e Maus" também. E o Sr. Nuto Santana… O Sr. Nuto Santana é necessário para a alegria da vida. Não. Melhor é que tudo fique assim como está: nem o Universo se desmantele, nem a Terra vá bater na Lua, nem o Brasil seja infeliz. Mas que fique também o riso, a alegria, a criançada! O Sr. Tristão de Ataíde já verificou, citando Hegel, que tudo isso é sintoma das épocas de transição. Viva o riso, a alegria, a *blague*! Estaremos nós por acaso numa época de transição?…

Prefácio interessantíssimo
(Prefácio do livro *Pauliceia desvairada*)

Dans mon pays de fiel et d'or j'en suis la loi.
E. Verhaeren

1. Leitor:
   Está fundado o Desvairismo.

2. Este prefácio, apesar de interessante, inútil.

3. Alguns dados. Nem todos. Sem conclusões. Para quem me aceita são inúteis ambos. Os curiosos terão o prazer em descobrir minhas conclusões, confrontando obra e dados. Para que me rejeita trabalho perdido explicar o que, antes de ler, já não aceitou.

4. Quando sinto a impulsão lírica escrevo sem pensar tudo que meu inconsciente me grita. Penso depois: não só para corrigir, como para justificar o que escrevi. Daí a razão deste Prefácio Interessantíssimo.

5. Aliás muito difícil nesta prosa saber onde termina a *blague*, onde principia a seriedade. Nem eu sei.

6. E desculpe-me por estar tão atrasado dos movimentos artísticos atuais. Sou passadista, confesso. Ninguém

pode se libertar duma só vez das teorias-avós que bebeu; e o autor deste livro seria hipócrita se pretendesse representar orientação moderna que ainda não compreende bem.

7. Livro evidentemente impressionista. Ora, segundo modernos, erro grave o Impressionismo. Os arquitetos fogem do gótico como da arte nova, filiando-se, para além dos tempos históricos, nos volumes elementares: cubo, esfera, etc. Os pintores desdenham Delacroix como Whistler, para se apoiarem na calma construtiva de Rafael, de Ingres, do Greco. Na escultura Rodin é ruim, os imaginários africanos são bons. Os músicos desprezam Debussy, genuflexos diante da polifonia catedralesca de Palestrina e João Sebastião Bach. A poesia... "tende a despojar o homem de todos os seus aspectos contingentes e efêmeros, para apanhar nele a humanidade"... Sou passadista, confesso.

8. "Este Alcorão nada mais é que uma embrulhada de sonhos confusos e incoerentes. Não é inspiração provinda de Deus, mas criada pelo autor. Maomé não é profeta, é um homem que faz versos. Que se apresente com algum sinal revelador do seu destino, como os antigos profetas". Talvez digam de mim o que disseram do criador de Alá. Diferença cabal entre nós dois: Maomé apresentava-se como profeta; julguei mais conveniente apresentar-me como louco.

9. Você já leu São João Evangelista? Walt Whitman? Mallarmé? Verhaeren?

10. Perto de 10 anos metrifiquei. Rimei. Exemplo?

ARTISTA

O meu desejo é ser pintor – Leonardo.
cujo ideal em piedades se acrisola;
fazendo abrir-se ao mundo a ampla corola
do sonho ilustre que em meu peito guardo...

Meu anseio é, trazendo ao fundo pardo
da vida, a cor da veneziana escola,
dar tons de rosa e de ouro, por esmola,
a quanto houver de penedia ou cardo.

Quando encontrar o manancial das tintas
e os pincéis exaltados com que pintas,
Veronese! teus quadros e teus frisos.

irei morar onde as Desgraças moram;
e viverei de colorir sorrisos
nos lábios dos que imprecam ou que choram!

11. Os Srs. Laurindo de Brito, Martins Fontes, Paulo Setúbal, embora não tenham evidentemente a envergadura de Vicente de Carvalho ou de Francisca Júlia, publicam seus versos. E fazem muito bem. Podia, como eles, publicar meus versos metrificados.

12. Não sou futurista (de Marinetti). Disse e repito-o. Tenho pontos de contato com o futurismo. Oswald de Andrade, chamando-me de futurista, errou. A culpa é minha. Sabia da existência do artigo e deixei que saísse. Tal foi o escândalo, que desejei a morte do mundo. Era vaidoso. Quis sair da obscuridade. Hoje tenho orgulho. Não me pesaria reentrar na obscuridade. Pensei que se discutiriam minhas ideias (que nem são minhas): discutiram minhas intenções. Já agora não me calo. Tanto ridicularizariam meu silêncio como esta grita. Andarei a vida de braços no ar, como o "Indiferente" de Watteau.

13. "Alguns leitores ao lerem estas frases (poesia citada) não compreenderam logo. Creio mesmo que é impossível compreender inteiramente à primeira leitura pensamentos assim esquematizados sem uma certa prática. Nem é nisso que um poeta pode queixar-se dos seus leitores. No que estes se tornam condenáveis é em não pensar que um autor que assina não escreve asnidades pelo simples prazer de experimentar tinta; e que, sob essa extravagância aparente havia um sentido porventura interessantíssimo, que havia qualquer coisa por compreender". João Epstein.

14. Há neste mundo um senhor chamado Zdislas Milner. Entretanto escreveu isto: "O fato duma obra se afastar de preceitos e regras aprendidas, não dá a medida do seu valor". Perdoe-me dar algum valor a meu livro. Não há pai que, sendo pai, abandone o filho corcunda que se afoga; para salvar o lindo herdeiro do vizinho. A ama de leite do conto foi uma grandíssima cabotina desnaturada.

15 Todo escritor acredita na valia do que escreve. Se mostra é por vaidade. Se não mostra é por vaidade também.

16. Não fujo do ridículo. Tenho companheiros ilustres.

17. O ridículo é muitas vezes subjetivo. Independe do maior ou menor alvo de quem o sofre.
Criamo-lo para vestir com ele quem fere nosso orgulho, ignorância, esterilidade.

18. Um pouco de teoria?
Acredito que o lirismo, nascido no subconsciente, acrisolado num pensamento claro ou confuso, cria frases

que são versos inteiros, sem prejuízo de medir tantas sílabas, com acentuação determinada.

Entroncamento é sueto para os condenados da prisão alexandrina. Há porém raro exemplo dele neste livro. Uso de cachimbo...

19. A inspiração é fugaz, violenta. Qualquer empecilho a perturba e mesmo emudece. Arte, que, somada a Lirismo, dá Poesia,[17] não consiste em prejudicar a doida carreira do estado lírico para avisá-lo das pedras e cercas de arame do caminho. Deixe que tropece, caia e se fira. Arte é mondar mais tarde o poema de repetições fastientas, de sentimentalidades românticas, de pormenores inúteis ou inexpressivos.

20. Que Arte não seja porém limpar versos de exageros coloridos. Exagero: símbolo sempre novo da vida como do sonho. Por ele vida e sonho se irmanam. E, consciente, não é defeito, mas meio legítimo de expressão.

21. "O vento senta no ombro das tuas velas!" Shakespeare. Homero já escrevera que a terra mugia debaixo dos pés de homens a cavalos. Mas você deve saber que há milhões de exageros na obra dos mestres.

22. Taine disse que o ideal dum artista consiste em "apresentar, mais que os próprios objetos, completa e claramente qualquer característica essencial e saliente deles, por meio de alterações sistemáticas das relações naturais entre as suas partes, de modo a tornar essa característica mais visível e dominadora". O Sr. Luís Carlos, porém,

---

[17] Lirismo + Arte = Poesia, fórmula de P. Dermée.

reconheço que tem o direito de citar o mesmo em defesa das suas "Colunas".

23. Já raciocinou sobre o chamado "belo horrível"? É pena. O belo horrível é uma escapatória criada pela dimensão da orelha de certos filósofos para justificar a atração exercida, em todos os tempos, pelo feio sobre os artistas. Não me venham dizer que o artista, reproduzindo o feio, o horrível, faz obra bela. Chamar de belo o que é feio, horrível, só porque está expressado com grandeza, comoção, arte, é desvirtuar ou desconhecer o conceito da beleza. Mas feio = pecado... Atrai. Anita Malfatti falava-me outro dia no encanto sempre novo do feio. Ora Anita Malfatti ainda não leu Emilio Bayard: "O fim lógico dum quadro é ser agradável de ver. Todavia comprazem-se os artistas em exprimir o singular encanto da feiura. O artista sublima tudo".

24. Belo da arte: arbitrário, convencional, transitório – questão de moda. Belo da natureza: imutável, objetivo, natural – tem a eternidade que a natureza tiver. Arte não consegue reproduzir a natureza, nem este é seu fim. Todos os grandes artistas, ora consciente (Rafael das *Madonas*, Rodin do *Balzac*, Beethoven da *Pastoral*, Machado de Assis do *Brás Cubas*), ora inconscientemente (a grande maioria) foram deformadores da natureza. Donde infiro que o belo artístico será tanto mais artístico, tanto mais subjetivo quanto mais se afastar do belo natural. Outros infiram o que quiserem. Pouco me importa.

25. Nossos sentidos são frágeis. A percepção das coisas exteriores é fraca, prejudicada por mil véus, provenientes das nossas taras físicas e morais: doenças. Preconceitos, indisposições,

antipatias, ignorâncias, hereditariedade, circunstâncias de tempo, de lugar, etc.... Só idealmente podemos conceber os objetos como os atos na sua inteireza bela ou feia. A arte que, mesmo tirando os seus temas do mundo objetivo, desenvolve-se em comparações afastadas, exageradas, sem exatidão aparente, ou indica os objetos, como um universal, sem delimitação qualificativa nenhuma, tem o poder de nos conduzir a essa idealização livre, musical. Esta idealização livre, subjetiva, permite criar todo um ambiente de realidades ideais onde sentimentos, seres e coisas, belezas e defeitos se apresentam na sua plenitude heroica, que ultrapassa a defeituosa percepção dos sentidos. Não sei que futurismo pode existir em quem quase perfilha a concepção estética de Fichte. Fujamos da natureza! Só assim a arte não se ressentirá da ridícula fraqueza da fotografia ... colorida.

26. Não acho mais graça nenhuma nisso da gente submeter comoções a um leito de Procusto para que obtenham, em ritmo convencional, número convencional de sílabas. Já no primeiro livro, usei indiferentemente, sem obrigação de retorno periódico, os diversos metros pares. Agora liberto-me também desse preconceito. Adquiro outros. Razão para que me insultem?

27. Mas não desdenho balouços dançarinos de redondilhas e decassílabos. Acontece a comoção caber neles. Entram pois às vezes no cabaré rítmico dos meus versos. Nesta questão de metros não sou aliado; sou como a Argentina: enriqueço-me.

28. Sobre a ordem? – Repugna-me, com efeito, o que Musset chamou:

"L'art de servir à point un dénouement bien cuit".

29. Existe a ordem dos colegiais infantes que saem das escolas de mãos dadas, dois a dois. Existe uma ordem nos estudantes das escolas superiores que descem uma escada de quatro em quatro degraus, chocando-se lindamente. Existe uma ordem, inda mais alta, na fúria desencadeada dos elementos.

30. Quem leciona História do Brasil obedecerá a uma ordem que, certo, não consiste em estudar a guerra do Paraguai antes do ilustre acaso de Pedro Álvares. Quem canta seu subconsciente seguirá a ordem imprevista das comoções, das associações de imagens, dos contatos exteriores. Acontece que o tema às vezes descaminha.

31. O impulso clama dentro de nós como turba enfurecida. Seria engraçadíssimo que a esta se dissesse:
"Alto lá! Cada qual berre por sua vez; e quem tiver a argumento mais forte, guarde-o para o fim!" A turba é confusão aparente. Quem souber afastar-se idealmente dela, verá o imponente desenvolver-se dessa alma coletiva, falando a retórica exata das reivindicações.

32. Minhas reivindicações? Liberdade. Uso dela; não abuso. Sei embridá-la nas minhas verdades filosóficas e religiosas; porque verdades filosóficas, religiosas, não são convencionais como a Arte, são verdades. Tanto não abuso! Não pretendo obrigar ninguém a seguir-me. Costumo andar sozinho.

33. Virgílio, Homero, não usaram rima. Virgílio, Homero, têm assonâncias admiráveis.

34. A língua brasileira é das mais ricas e sonoras. E possui o admirabilíssimo "ão".

35. Marinetti foi grande quando redescobriu o poder sugestivo, associativo, simbólico, universal, musical da palavra em liberdade. Aliás: velha como Adão. Marinetti errou: fez dela sistema. É apenas auxiliar poderosíssimo. Uso palavras em liberdade. Sinto que o meu copo é grande demais para mim, e inda bebo no copo dos outros.

36. Sei construir teorias engenhosas. Quer ver? A poética está muito mais atrasada que a música. Esta abandonou, talvez mesmo antes do século VIII, o regime da melodia quando muito oitavada, para enriquecer-se com os infinitos recursos da harmonia. A poética, com rara exceção até meados do século XIX francês, foi essencialmente melódica. Chamo de verso melódico o mesmo que melodia musical: arabesco horizontal de vozes (sons) consecutivas, contendo pensamento inteligível. Ora, se em vez de unicamente usar versos melódicos horizontais:
"Mnezarete, a divina, a pálida Phrynea
Comparece ante a austera e rígida assembleia
Do Areópago supremo…"
fizermos que se sigam palavras sem ligação imediata entre si: estas palavras, pelo fato mesmo de se não seguirem intelectual, gramaticalmente, se sobrepõem umas às outras, para a nossa sensação, formando, não mais melodias, mas harmonias.
Explico melhor:
Harmonia: combinação de sons simultâneos.
Exemplo:
"Arroubos… Lutas… Seta… Cantigas…

Povoar!…"
Estas palavras não se ligam. Não formam enumeração. Cada uma é frase, período elíptico, reduzido ao mínimo telegráfico.

Se pronuncio "Arroubos", como não faz parte de frase (melodia), a palavra chama a atenção para seu insulamento e fica vibrando, à espera duma frase que lhe faça adquirir significado e QUE NÃO VEM. "Lutas" não dá conclusão alguma a "Arroubos"; e, nas mesmas condições, não fazendo esquecer a primeira palavra, fica vibrando com ela. As outras vozes fazem o mesmo. Assim: em vez de melodia (frase gramatical) temos acorde arpejado, harmonia, – o verso harmônico. Mas, se em vez de usar só palavras soltas, uso frases soltas: mesma sensação de superposição, não já de palavras (notas) mas de frases (melodias). Portanto: polifonia poética. Assim, em *Paulicéia desvairada* usam-se o verso melódico:

"São Paulo é um palco de bailados russos"; o verso harmônico:

"A cainçalha… A Bolsa… As jogatinas…"; e a polifonia poética (um e às vezes dois e mesmo mais versos consecutivos):

"A engrenagem trepida… A bruma neva…"
Que tal? Não se esqueça porém que outro virá destruir tudo isso que construí.

Para ajuntar à teoria:

1º

37. Os gênios poéticos do passado conseguiram dar maior interesse ao verso melódico, não só criando-o mais belo, como fazendo-o mais variado, mais comotivo,

mais imprevisto. Alguns mesmo conseguiram formar harmonias, por vezes ricas. Harmonias porém inconscientes, esporádicas. Provo inconsciência: Victor Hugo, muita vez harmônico, exclamou depois de ouvir o quarteto do Rigoletto: "Façam que possa combinar simultaneamente várias frases e verão de que sou capaz". Encontro anedota em Galli, *Estética musical. Se non é vero...*

2º

38. Há certas figuras de retórica em que podemos ver embrião da harmonia oral, como na lição das sinfonias de Pitágoras encontramos germe da harmonia musical. Antítese – genuína dissonância. E se tão apreciada é justo porque poetas como músicos, sempre sentiram o grande encanto da dissonância, de que fala G. Migot.

3º

39. Comentário à frase de Hugo. Harmonia oral não se realiza, como a musical, nos sentidos, porque palavras não se fundem como sons, antes baralham-se tornam-se incompreensíveis. A realização da harmonia poética efetua-se na inteligência. A compreensão das artes do tempo nunca é imediata, mas mediata. Na arte do tempo coordenamos atos de memória consecutivos, que assimilamos num todo final. Este todo, resultante de estados de consciência sucessivos, dá a compreensão final, completa da música, poesia, dança terminada. Victor Hugo errou querendo realizar objetivamente o que se realiza subjetivamente, dentro de nós.

4º

40 Os psicólogos não admitirão a teoria... E responder-lhes com o "Só-quem-ama" de Bilac. Ou com os versos de Heine de que Bilac tirou o "Só-quem-ama". Entretanto: se você já teve por acaso na vida um acontecimento forte, imprevisto (já teve, naturalmente) recorde-se do tumulto desordenado das muitas ideias que nesse momento lhe tumultuaram no cérebro. Essas ideias, reduzidas ao mínimo telegráfico da palavra, não se continuavam, porque não faziam parte de frase alguma, não tinham resposta, solução, continuidade. Vibravam, ressoavam, amontoavam-se, sobrepunham-se. Sem ligação, sem concordância aparente – embora nascidas do mesmo acontecimento – formavam, pela sucessão rapidíssima, verdadeiras simultaneidades, verdadeiras harmonias acompanhando a melodia enérgica e larga do acontecimento.

5º

41. Bilac, *Tarde*, é muitas vezes tentativa de harmonia poética. Daí, em parte ao menos, o estilo novo do livro. Descobriu, para a língua brasileira, a harmonia poética, antes dele empregada raramente (Gonçalves Dias, genialmente, na cena de luta, "Y-Juca-Pirama"). O defeito de Bilac foi não metodizar o invento; tirar dele todas as consequências. Explica-se historicamente seu defeito: *Tarde* é um apogeu. As decadências não vêm depois dos apogeus. O apogeu já é a decadência, porque sendo estagnação não pode conter em si um progresso, uma evolução ascensional. Bilac representa uma fase destrutiva da poesia; porque toda perfeição em arte significa destruição. Imagino o seu susto, leitor,

lendo isto. Não tenho tempo para explicar: estude se quiser. O nosso primitivismo representa uma nova fase construtiva. A nós compete esquematizar, metodizar as lições do passado.

Volto ao poeta. Ele fez como os criadores do *Organum* medieval: aceitou harmonias de quartas e de quintas desprezando terceiras, sextas, todos os demais intervalos. O número das suas harmonias é muito restrito. Assim, "...o ar e o chão, a fauna e a flora, a erva e o pássaro, a pedra e o tronco, os ninhos e a hera, a água e o réptil, a folha e o inseto, a flor e a fera" dá impressão duma longa, monótona série de quintas medievais, fastidiosa, excessiva, inútil, incapaz de o ouvinte e dar-lhe a sensação do crepúsculo na mata.[18]

42. Lirismo: estado efetivo sublime – vizinho da sublime loucura. Preocupação de métrica e de rima prejudica a naturalidade livre do lirismo objetivado. Por isso poetas sinceros confessam nunca ter escrito seus melhores versos. Rostand por exemplo: e, entre nós, mais ou menos, o Sr. Amadeu Amaral. Tenho a felicidade de escrever meus melhores versos. Melhor do que isso não posso fazer.

43. Ribot disse algures que inspiração é telegrama cifrado transmitido pela atividade inconsciente à atividade consciente

---

[18] Há seis ou oito meses expus esta teoria aos meus amigos. Recebo agora, dezembro, número 11 e 12 de novembro, da Revista *Esprit Nouveau*. Aliás *Esprit Nouveau*: minhas andas neste Prefácio interessantíssimo. Epstein continuando estudo "O fenômeno literário" observa o harmonismo moderno, a que denomina simultaneísmo. Acho-o interessante, mas diz que é "utopia fisiológica". Epstein no mesmo erro de Hugo.

que o traduz. Essa atividade consciente pode ser repartida entre poeta e leitor. Assim aquele que não escorcha e esmiúça friamente o momento lírico; e bondosamente concede ao leitor a glória de colaborar nos poemas.

44. "A linguagem admite a forma dubitativa que o mármore não admite". Renan.

45. "Entre o artista plástico e o músico está o poeta, que se avizinha do artista plástico com a sua produção consciente, enquanto atinge as possibilidades do músico no fundo obscuro do inconsciente". De Wagner.

46. Você está reparando de que maneira costumo andar sozinho...

47. Dom Lirismo, ao desembarcar do Eldorado do Inconsciente no cais da terra do Consciente, é inspecionado pela visita médica, a Inteligência, que o alimpa dos macaquinhos e de toda e qualquer doença que possa espalhar confusão, obscuridade na terrinha progressista. Dom Lirismo sofre mais uma visita alfandegária, descoberta por Freud, que a denominou Censura. Sou contrabandista! E contrário à lei da vacina obrigatória.

48. Parece que sou todo instinto... Não é verdade. Há no meu livro, e não me desagrada, tendência pronunciadamente intelectualista. Que quer você? Consigo passar minhas sedas sem pagar direitos. Mas é psicologicamente impossível livrar-me das injeções e dos tônicos.

49. A gramática apareceu depois de organizadas as línguas. Acontece que meu inconsciente não sabe da existência

de gramáticas, nem de línguas organizadas. E como Dom Lirismo é contrabandista...

50. Você perceberá com facilidade que se na minha poesia a gramática às vezes é desprezada, graves insultos não sofre neste prefácio interessantíssimo. Prefácio: rojão do meu eu superior. Versos: paisagem do meu eu profundo.

51. Pronomes? Escrevo brasileiro. Se uso ortografia portuguesa é porque, não alterando o resultado, dá-me uma ortografia.

52. Escrever arte moderna não significa jamais para mim representar a vida atual no que tem de exterior: automóveis, cinema, asfalto. Se estas palavras frequentam-me o livro não é porque pense com elas escrever moderno, mas porque sendo meu livro moderno, elas têm nele sua razão de ser.

53. Sei mais que pode ser moderno artista que se inspire na Grécia de Orfeu ou na Lusitânia de Nun'Alvares. Reconheço mais a existência de temas eternos, passíveis de afeiçoar pela modernidade: universo, pátria, amor e a presença-dos-ausentes, ex-gozo-amargo-de-infelizes.

54. Não quis também tentar primitivismo vesgo e insincero. Somos na realidade os primitivos duma era nova. Esteticamente: fui buscar entre as hipóteses feitas por psicólogos, naturalistas e críticos sobre os primitivos das eras passadas, expressão mais humana e livre de arte.

55. O passado é lição para se meditar, não para reproduzir. *"E tu che sé costí, anima viva,*

Pàrtiti da cotesti che son morti".

56. Por muitos anos procurei-me a mim mesmo. Achei. Agora não me digam que ando à procura de originalidade, porque já descobri onde ela estava, pertence-me, é minha.

57. Quando uma das poesias deste livro foi publicada, muita gente me disse: "Não entendi". Pessoas houve porém que confessaram: "Entendi, mas não senti". Os meus amigos... percebi mais duma vez que sentiam, mas não entendiam. Evidentemente meu livro é bom.

58. Escritor de nome disse dos meus amigos e de mim que ou éramos gênios ou bestas. Acho que tem razão. Sentimos, tanto eu como meus amigos, o anseio do farol. Se fôssemos tão carneiros a ponto de termos escola coletiva, esta seria por certo o "Farolismo". Nosso desejo: alumiar. A extrema-esquerda em que nos colocamos não permite meio-termo. Se gênios: indicaremos o caminho a seguir; bestas: naufrágios por evitar.

59. Canto da minha maneira. Que me importa se me não entendem? Não tenho forças bastantes para me universalizar? Paciência. Com o vário alaúde que construí, me parto por essa selva selvagem da cidade. Como o homem primitivo cantarei a princípio só. Mas canto é agente simpático: faz renascer na alma dum outro predisposto ou apenas sinceramente curioso e livre, o mesmo estado lírico provocado em nós por alegrias, sofrimentos, ideais. Sempre hei-de achar também algum, alguma que se embalarão à cadência libertária dos

meus versos. Nesse momento: novo Anfião moreno e caixa-d'óculos, farei que as próprias pedras se reúnam em muralhas à magia do meu cantar. E dentro dessas muralhas esconderemos nossa tribo.

60. Minha mão escreveu a respeito deste livro que "não tinha e não tem nenhuma intenção de o publicar". *Jornal do Comércio*, 6 de junho. Leia frase de Gourmont sobre contradição: 1º volume das *Promenades littéraires*. Rui Barbosa tem sobre ela página lindíssima, não me recordo onde. Há umas palavras também em João Cocteau. *La Noce massacrée*.

61. Mas todo este prefácio, com todo o disparate das teorias que contém, não vale coisíssima nenhuma. Quando escrevi *Pauliceia desvairada* não pensei em nada disto. Garanto porém que chorei, que cantei, que ri, que berrei, Eu vivo!

62. Aliás versos não se escrevem para leitura de olhos mudos. Versos cantam-se, urram-se, choram-se. Quem não souber cantar não leia "Paisagem n.º 1". Quem não souber urrar não leia "Ode ao burguês". Quem não souber rezar, não leia "Religião". Desprezar: "A escalada". Sofrer: "Colloque sentimental". Perdoar: a cantiga do berço, um dos solos de Minha Loucura, das "Enfibraturas do Ipiranga". Não continuo. Repugna-me dar a chave de meu livro. Quem for como eu tem essa chave.

63. E está acabada a escola poética. "Desvairismo".

64. Próximo livro fundarei outra.

65. E não quero discípulos. Em arte: escola = imbecilidade de muitos para vaidade dum só.

66. Poderia ter citado Gorch Fock. Evitava o Prefácio Interessantíssimo. "Toda canção de liberdade vem do cárcere".

A escrava que não é Isaura

A Osvaldo de Andrade

Vida que não seja consagrada a
procurar não vale a pena de ser vivida.
Platão

Be thou the tenth Muse; ten times
more in worth
Than those old nine which rhymers
invocate!
Shakespeare

Parábola

Começo por uma história. Quase parábola. Gosto de falar por parábolas como Cristo… Uma diferença essencial que desejo estabelecer desde o princípio: Cristo dizia: "Sou a Verdade". E tinha razão. Digo sempre: "Sou a minha verdade". E tenho razão. A Verdade de Cristo é imutável e divina. A minha é humana, estética e transitória. Por isso mesmo jamais procurei ou procurarei fazer proselitismo. É mentira dizer-se que existe em S. Paulo um igrejó literário em que pontifico. O que existe é um grupo de amigos, independentes, cada qual com suas ideias próprias e ciosos de suas tendências naturais. Livre a cada um de seguir a estrada que escolher. Muitas vezes os caminhos coincidem… Isso não quer dizer que haja discípulos pois cada um de nós é o deus de sua própria religião. Vamos à história!

...e Adão viu Iavé tirar-lhe da costela um ser que os homens se obstinam em proclamar a coisa mais perfeita da criação: Eva. Invejoso e macaco o primeiro homem resolveu criar também. E como não soubesse ainda cirurgia para uma operação tão interna quanto extraordinária tirou da língua um outro ser. Era também – primeiro plágio! – uma mulher. Humana, cósmica e bela. E para exemplo das gerações futuras Adão colocou essa mulher nua e eterna no cume do Ararat. Depois do pecado porém indo visitar sua criatura notou-lhe a maravilhosa nudez. Envergonhou-se. Colocou-lhe uma primeira coberta: a folha de parra.

Caim, porque lhe sobrassem rebanhos com o testamento forçado de Abel, cobriu a mulher com um velocino alvíssimo. Segunda e mais completa indumentária.

E cada nova geração e as raças novas sem tirar as vestes já existentes sobre a escrava do Ararat sobre ela depunham os novos refinamentos do trajar. Os gregos enfim deram-lhe o coturno. Os romanos o peplo. Qual lhe dava um colar, qual uma axorca. Os indianos, pérolas; os persas, rosas; os chins, ventarolas.

E os séculos depois dos séculos...

Um vagabundo genial nascido a 20 de outubro de 1854 passou uma vez junto do monte. E admirou-se de, em vez do Ararat de terra, encontrar um Gaurisancar de sedas, cetins, chapéus, joias, botinas, máscaras, espartilhos... que sei lá! Mas o vagabundo quis ver o monte e deu um chute de 20 anos naquela heterogênea rouparia. Tudo desapareceu por encanto. E o menino descobriu a mulher nua, angustiada, ignara, falando por sons musicais, desconhecendo as novas línguas, selvagem, áspera, livre, ingênua, sincera.

A escrava do Ararat chamava-se Poesia.

O vagabundo genial era Artur Rimbaud.

Essa mulher escandalosamente nua é que os poetas modernistas se puseram a adorar... Pois não há de causar estranheza tanta pele exposta ao vento à sociedade educadíssima, vestida e policiada da época atual?

Primeira parte

Começo por conta de somar:

Necessidade de expressão + necessidade de comunicação + necessidade de ação + necessidade de prazer = Belas Artes.

Explico: o homem pelos sentidos recebe a sensação. Conforme o grau de receptividade e de sensibilidade produtiva sente sem que nisso entre a mínima parcela de inteligência a NECESSIDADE DE EXPRESSAR a sensação recebida por meio do gesto. (Falo gesto no sentido empregado por Ingenieros: gritos, sons musicais, sons articulados, contrações faciais e o gesto propriamente dito).

A esta necessidade de expressão – inconsciente, verdadeiro ato reflexo – junta-se a NECESSIDADE DE COMUNICAÇÃO de ser para ser tendente a recriar no espectador uma comoção análoga à do que a sentiu primeiro.

O homem nunca está inativo. Por uma condenação aasvérica movemo-nos sempre no corpo ou no espírito. Num lazer pois (e é muito provável que largos fossem os lazeres nos tempos primitivos) o homem por NECESSIDADE DE AÇÃO rememora os gestos e os reconstrói. Brinca. Porém CRITICA esses gestos e procura realizá-los agora de maneira mais expressiva e – quer porque o sentimento do belo seja intuitivo, quer porque o tenha adquirido pelo amor e pela contemplação das coisas naturais – de maneira mais agradável.

Já agora temos bem característico o fenômeno: bela-arte.

Das artes assim nascidas a que se utiliza de vozes articuladas chama-se poesia.

(É a minha conjectura. Verão os que sabem que embora sistematizando com audácia não me afasto das conjecturas mais correntes, feitas por psicólogos e estetas, a respeito da origem das belas-artes.)

Os ritmos preconcebidos, as rimas, folhas de parra e velocinos alvíssimos vieram posteriormente a pouco e pouco, prejudicando a objetivação expressiva das representações, sensualizando a nudez virgem da escrava do Ararat.

E se vos lembrardes de Aristóteles recordareis como ele toma o cuidado de separar o conceito de poesia dos processos métricos de realizar a comoção.

"É verdade – escreve na *Poética* – que os homens, unindo as palavras 'compositor' ou 'poeta' com a palavra 'metro' dizem 'poetas épicos', 'elegíacos', como se o apelativo poeta proviesse, não já da *imitação* mas... do *metro*... Na verdade nada há de comum entre Homero e Empédocles *a não ser o verso*; todavia àquele será justo chamar-lhe poeta, a este fisiólogo."

E, pois que falei de metro, não me furto a citar esta conclusão, inconscientemente irônica, de Westphal – talvez o maior estudioso da rítmica grega. Sabeis que a música helênica estava inteira e unicamente sujeita como ritmo à métrica do poema. Pois Westphal diz: "Na música dos antigos [fala dos gregos] o ritmo é *um* isto é: baseado na quantidade 1".

Foram raciocínios análogos que levaram Mallarmé a dizer: "*Dès qu'il y a un effort de style, il y a métrification*"... Mas nada de conclusões técnicas!

Adão... Aristóteles... Agora nós.

Paulo Dermée resolve também a concepção modernista de poesia a uma conta de somar. Assim: Lirismo + Arte = Poesia.

Quem conhece os estudos de Dermée sabe que no fundo ele tem razão. Mas errou a fórmula. 1º Lirismo, estado ativo proveniente da comoção, produz toda e qualquer arte. Da Vinci criando *Il cavallo*, Greco pintando o *Conde de Orgaz*, Dostoiévski escrevendo *O duplicata* obedeceram a uma impulsão lírica, tanto como Camões escrevendo Adamastor. 2º: Dermée foi leviano. Diz *arte* por *crítica* e por leis estéticas provindas da observação ou mesmo apriorísticas. 3º: E esqueceu o meio utilizado para a expressão. Lirismo + Arte (no sentido de crítica, esteticismo, trabalho) soma belas-artes. Corrigida a receita, eis o marrom-glacê: Lirismo puro + Crítica + Palavra = Poesia.

(E escrevo "lirismo puro" para distinguir a poesia da prosa de ficção pois esta partindo do lirismo puro não o objetiva tal como é mas pensa sobre ele, e o desenvolve e esclarece. Enfim: na prosa a inteligência cria sobre o lirismo puro enquanto na poesia modernista o lirismo puro é grafado com o mínimo de desenvolvimento que sobre ele possa praticar a inteligência. Esta pelo menos a tendência embora nem sempre seguida.)

Temos pois igualdade de vistas entre Adão, Aristóteles e a Corja quanto ao conceito de Poesia… São poetas homens que só escreveram prosa ou… jamais escreveram coisa nenhuma. O mais belo poema de D'Annunzio é a aventura de Fiume… Por seu lado muitos versistas são filósofos, historiadores, catedráticos, barbeiros, etc. Excluo da poesia bom número de obras-primas inegáveis, ou na totalidade ou em parte. Não direi quais… Seria expulso do convívio humano… O que aliás não seria mui grande exílio para quem por universal consenso já vive no mundo da Lua…

*

Dei-vos uma receita… Não falei na proporção dos ingredientes. Será: máximo de lirismo e máximo de crítica para adquirir o máximo de expressão. Daí ter escrito Dermée: "O poeta é uma alma ardente, conduzida por uma cabeça fria."

E reparastes que falei em adquirir um máximo de expressão e não um máximo de prazer, de agradável, de beleza enfim? Estará mesmo o Belo excluído da poesia modernista? Certo que não. E mesmo Luís Aragon no fim do esplêndido Lever considera:

> *La Beauté, la seule vertu*
> *qui tende encore ses mains pures.*

Mas a beleza é questão de moda na maioria das vezes. As leis do Belo eterno artístico ainda não se descobriram. E a meu ver a beleza não deve ser um fim. A BELEZA É UMA CONSEQUÊNCIA. Nenhuma das grandes obras do passado teve realmente como fim a beleza. Há sempre uma ideia, acrescentarei: mais vital que dirige a criação das obras-primas. O próprio Mozart que para mim de todos os artistas de todas as artes foi quem melhor realizou a beleza insulada, sujeitou-a à expressão. Apenas pensava que esta não devia ser tão enérgica a ponto de "repugnar pelo realismo".

O que fez imaginar que éramos, os modernizantes, uns degenerados, amadores da fealdade foi simplesmente um erro tolo de unilateralização da beleza. Até os princípios deste século principalmente entre os espectadores acreditou-se que o Belo da arte era o mesmo Belo da natureza. Creio que não é. O Belo artístico é uma criação humana, independente do Belo natural; e somente agora é que se liberta da geminação obrigatória a que o sujeitou a humana estultice. Por isso Tristão Tzara no *Cinema Calendrier* dirige uma carta a:

> *francis picabia*
> *qui saute*
> *avec de grandes et de petites idées*
> *pour l'anéantissement de l'ancienne beauté & comp.*

Quem procurar o Belo da natureza numa obra de Picasso não o achará. Quem nele procurar o Belo artístico, originário de euritmias, de equilíbrios, da sensação de linhas e de cores, da exata compreensão dos meios pictóricos, encontrará o que procura.

Mas onde está meu assunto?

É que, leitores, a respeito de arte mil e uma questões se amatulam tão intimamente, que falar sobre uma delas é trazer à balha todas as outras... Corto cerce a fala sobre a beleza e desço de tais cogitações olímpicas, 5 mil metros acima do mar, ao asfalto quotidiano da poesia de 1922.

Recapitulando: máximo de lirismo e máximo de crítica para obter o máximo de expressão. Vejamos a que conclusões espirituais nos levaram os três máximos.

O movimento lírico nasce no eu profundo. Ora: observando a evolução da poesia através das idades que se vê? O aumento contínuo do Gaurisancar de tules, nanzuques, rendas, meias de seda, etc. da parábola inicial. Foi a inteligência romantizada pela preocupação de beleza, que nos levou às duas métricas existentes e a outros *crochets, filets* e *frivolités*. Pior ainda: a inteligência, pesando coisas e fatos da natureza e da vida, escolheu uns tantos que ficaram sendo os *assuntos poéticos*.

Ora isto berra diante da observação. O assunto poético é a conclusão mais antipsicológica que existe. A impulsão lírica é livre, independe de nós, independe da nossa inteligência. Pode nascer de uma réstia de cebolas como de um amor perdido. Não é preciso mais "escuridão da noite nos lugares ermos" nem "horas mortas do alto silêncio" para que a fantasia seja "mais ardente e robusta", como requeria Eurico – homem esquisito que Herculano fez renascer nos idos hiemais de um dezembro romântico. Papini considera mesmo como verdadeiro criador aquele que independe do silêncio, da boa almofada e larga secretária para escrever seu poema genial. Mas que não se perca o assunto: a inspiração surge provocada por um crepúsculo como por uma chaminé matarazziana, pelo corpo divino de uma Nize, como pelo divino corpo de uma Cadillac. Todos os assuntos são *vitais*. Não há temas poéticos. Não há épocas poéticas. Os modernistas derruindo esses alvos mataram o último romantismo remanescente: o gosto pelo exótico.

O que realmente existe é o subconsciente enviando à inteligência telegramas e mais telegramas – para me servir da comparação de Ribot.[19] A inteligência do poeta – o qual não mora mais numa torre de marfim – recebe o telegrama no bonde, quando o pobre vai para a repartição, para a Faculdade de Filosofia, para o cinema. Assim virgem, sintético, enérgico, o telegrama dá-lhe fortes comoções, exaltações divinatórias, sublimações, poesia. Reproduzi-las!... E o poeta lança a palavra solta no papel. É o leitor que se deve elevar à sensibilidade do poeta não é o poeta que se deve baixar à sensibilidade do leitor. Pois este que traduza o telegrama!

Mais ainda: o poeta reintegrado assim na vida recebe a palavra solta. A palavra solta é fecundante, evocadora... Associação de imagens. Telegrama: "Espada vitoriosa de Horácio". Associação: "Antena de telegrafia sem fio". Telegrama: "Fios telefônicos, elétricos constringindo a cidade". Associação: "Dedos de Otelo no colo de Desdêmona". Os Horácios + Otelo = 2 assuntos. Os Horácios + Otelo + Antena radiográfica + Fios elétricos = 4 assuntos. Resultado: riqueza, fartura, pletora. Por isso Rimbaud, precursor, exclamava:

> *Je suis mille fois plus riche!*

sem ter um franco no bolso virgem.

---

[19] "a inspiração parece um telegrama cifrado que a atividade insconsciente envia à atividade consciente, que o traduz."

E quando, *camelot* sublime, enumerou na praça pública de Solde os amazônicos tesouros da nossa nababia, inda ironicamente completou:

> *Les vendeurs ne sont pas à bout de solde. Les voyageurs n'ont pas à rendre leurs commissions de si tôt.*

Parêntese: não imitamos Rimbaud. Nós desenvolvemos Rimbaud. ESTUDAMOS A LIÇÃO RIMBAUD.

Mas esta abundância de assuntos quotidianos não implica abandono dos assuntos ex-poéticos. Destruir um edifício não significa abandonar o terreno. Na poesia construir agora os *Salmos* ou *I Fioretti* é errado. Mas o terreno da Religião continua. Claudel escreverá *La Messe là-bas*; Cendrars: *Les Pâques à New-York*; Papini: *Preghiera*; João Becher: *A Deus*; Hrand Nazariantz a *Oração das virgens armênias...*

Terreno do amor... Transbordava! No lugar da "Tristesse d'Olympio" Moscardelli construiu "Il bordello". E que fúlgidas, novas imagens não despertou o amor nos poetas modernistas! E que ironias, sarcasmos! Junto do carinho de Cocteau a aspereza de Salmon, a sensualidade de Menotti del Picchia...

> Estende como uma ara teu corpo; teus lábios
> são duas brasas queimando
> arômatas do teu hálito...
>
> . . . .
>
> Estende como uma ara teu corpo, teu ventre
> é um zimbório de mármore
> onde fulge uma estrela!

E Picabia, dadaísta, em *Pensées sans langage*:

> *boire une tasse de thé*
> *comme une femme facile*

mais adiante porém comovido e ingênuo:

mon amie ressemble à une maison neuve.

O amor existe. Mas anda de automóvel. Não há mais lagos para os Lamartines do século XX!… E o poeta se recorda da última vez que viu a pequena, não mais junto da água doce, mas na disputa da taça entre o Palestra e o Paulistano.

Novas sensações. Novas imagens. A culpa é da vida sempre nova em sua monotonia. Guilherme de Almeida continua amorosíssimo… pelo telefonio. E Luís Aranha endereça à querida este

POEMA ELÉTRICO
Querida,
quando estamos juntos
vem do teu corpo para o meu um jato de desejo
que o corre como eletricidade…

Meu corpo é o polo positivo que pede…
Teu corpo é o polo negativo que recusa…

Se um dia eles se unissem
a corrente se estabeleceria
e nas fagulhas desprendidas
eu queimaria todo o prazer do homem que espera…

E Sérgio Milliet:

RÊVERIE
Ne plus sentir penser ses yeux caméléons
Mais tant de pitié me fait mal
Caméléon
Aventurines
Couleur de mer
Et traîtres
Mais si doux

"J'aime ses yeux couleur d'aventurine"

Quel beau sonnet je pourrais faire
si je n'étais un "futuriste"
Quatre par quatre les rimes
et deux tercets
et un salut "Trois mousquetaires"
Au cinema les D'Artagnan sont ridicules
et j'aime mieux Hayakawa
Ah! le siècle automobile aeroplane 75
Rapidité surtout Rapidité

Mais moi je suis si ROMANTIQUE

Ses yeux
ses yeux
ses yeux caméléons
C'est bien le meilleur adjectif

E escutai mais esta obra-prima de João Cocteau:

Si tu aimes, mon pauvre enfant,
ah! si tu aimes!
il ne faut pas en avoir peur
c'est un inéfable désastre.
Il y a un mystérieux système
et des lois et des influences
pour la gravitation des cœurs
et la gravitation des astres.
On était lá, tranquillement,
sans penser à ce qu'on évite
et puis, tout à coup, on n'en peut plus,
on est à chaque heure du jour
comme si tu descends très vite
en ascenseur:
et c'est l'amour.

Il n'y a plus de livres, de paysages,
de désirs des ciels d'Asie
Il n'y a pour nous qu'un seul visage
auquel le cœur s'anesthésie.
Et rien autour.

Aliás confessemos: a capacidade de *amar* dos poetas modernistas enfraqueceu singularmente.

Dizem que o amor existe na Terra....
Mas que é o amor?

pergunta Bialik, um dos maiores poetas hebreus de hoje.

La femme
mais l'ironie?[20]

pergunta Cendrars, um dos maiores poetas franceses de hoje.

Ninguém passa incólume pelo vácuo de Schopenhauer, pelo escalpelo de Freud, pela ironia do genial Carlito. Ninguém mais ama dois anos seguidos!

A capacidade de gozar aumentou todavia...

Jeunesse! et je n'ai pas baisé toutes les bouches![21]

Godofredo Benn confessa no "Rápido de Berlim" que:

Uma mulher basta para uma noite
E se é bonita, até para duas!

A culpa também é da mulher:

Ahimé! tu altro non fai che sfogliare i tuoi baci![22]

---

[20] Recordo-me que Laforgue já dissera:
"*La femme?*
– J'en sors
La mort
Dans l'âme"

[21] Luis Aragon.

[22] F. T. Marinetti.

Fosse ela mais confiante, mais conhecedora do seu papel: e os homens chegariam à mesma observação de Ruscoe Purkapile.

Traduzo Edgar Lee Masters, americano:

> Amou-me! Oh! quanto me amou!
> Vão tive a felicidade de escapar
> do dia em que pela primeira vez ela me viu.
> Mas pensei, depois de nosso casamento,
> que ela provaria ser mortal e eu ficaria livre!
> Ou mesmo que se divorciasse algum dia!
> Poucos morrem porém e ninguém se conforma...
> Então fugi. Passei um ano na farra.
> Mas nunca se queixou. Dizia que tudo acabaria bem,
> que eu voltaria. E voltei.
> Contei-lhe que enquanto remava
> fora preso perto de Van Buren Street
> pelos piratas do lago Michigan
> e encadeado de forma que não lhe pude escrever.
> Ela chorou, beijou-me, disse que isso era cruel
> inaudito, desumano.
> Então verifiquei que nosso casamento
> era uma divina finalidade
> e não poderia ser dissolvido
> senão pela morte.
> Eu tinha razão.

Max Jacob, no final de seu *Dom João*, sintetiza a descarada psicologia da Corja. Depois da aparição do coro vestido com roupas de meia cor-de-rosa:

> *Flanelle! Flanelle!*
> *Nous sommes encore pucelles*
> *Nous avons été mystifiées*
> *Mais nous allons être vengées*
> *Flanelle! Flanelle!*

o comendador volta-se para Dom João e diz:

Vous êtes le mauvais amant!

e Dom João confuso:

Je manque de tempérament.

E como o amor os outros assuntos poéticos. Ouvi a pátria inspirando o magnífico Folgore – porventura o maior e certo mais moderno do grupo futurista italiano:

Italia
parola azzurra
bisbigliata sull'infinito
da questa razza adolescente,
ch'ha sempre
una poesia nuova da costruire
una gloria nuova da conquistare.
Italia:
primavera di sillabe
fiorite come le rose dei giardini
peninsulari,
stellata come i firmamenti del Sud
fatti con immense arcate di blú.
Italia:
nome nostro e dei nostri figli,
via maestra del nostro amore,
rifugio odoroso dei nostri pensieri,
ultimo bacio sulle nostre palpebre
nel giorno che la morte
serenamente verrà.

É inútil confessar que prefiro estas coisas simples, reditas e novíssimas aos latejo-em-ti altissonantes e vazios que aí correm mundo com foros de poesia.

Mas: aí está na liberdade dos assuntos a riqueza do poeta modernista:

Ecoutez-moi, je suis le gosier de Paris
Et je boirais encore, s'il me plaît, l'univers!

dissera Apollinaire. Luís Aranha bebeu o universo. Matou tzares na Rússia, amou no Japão, gozou em Paris, roubou nos Estados Unidos, por simultaneidade, sem sair de S. Paulo, só porque no tempo em que ginasiava às voltas com a geografia, adoeceu gravemente e delirou. Surgiu o admirável *Poema giratório*.

Guilherme de Almeida, esse então transportou-se nas ondas dos livros para as praias do Egeu e escreve as *Canções gregas*.

EPÍGRAFE

Eu perdi minha frauta selvagem
entre os caniços do lago de vidro.

Juncos inquietos da margem,
peixes de prata e de cobre brunido
que viveis na vida móvel das águas,
cigarras das árvores altas,
folhas mortas que acordais ao passo alípede das ninfas,
algas,
lindas algas limpas:
– se encontrardes
a frauta que eu perdi, vinde, todas as tardes,
debruçar-vos sobre ela! E ouvireis os segredos
sonoros, que os meus lábios e os meus dedos
deixaram esquecidos entre
os silêncios ariscos do seu ventre.

Recordados de que Whitman dissera:

Escreverei os poemas dos materiais; pois penso que
Serão os mais espirituais de todos os poemas!

os poetas modernistas consultando a liberdade das impulsões líricas puseram-se a cantar tudo: os materiais, as descobertas científicas e os esportes. O automóvel para Marinetti, o telégrafo para La Rochelle, as assembleias constituintes para o russo Aleksandr Blox, o cabaré para o espanhol De Torre, Ivan Goll alsaciano trata de Carlito, Leonhard alemão inspira-se em Liebknecht enquanto Eliot americano aplica em poemas as teorias de Einstein, eminentemente líricas. E tudo, tudo o que pertence à natureza e à vida nos interessa. Daí uma abundância, uma fartura contra as quais não há leis fânias. Daí também uma Califórnia de imagens novas, tiradas das coisas modernas ou pelo menos quotidianas:

"*C'est le Christ qui monte au ciel mieux que les aviateurs*" canta Apollinaire; e Govoni vê o

> *vecchio chiaro di luna*
> *dolce come la spumosa ballerina*
> *che danza sul palcoscenico*

ou

> *...i campanili,*
> *stagioni di telegrafia senza fili*
> *delle anime,*
> *che riprendono le loro interrotte*
> *comunicazioni col cielo.*

para Carlos Alberto de Araújo:

> ...o vento rasteiro
> vestido de poeira...

Não! É impossível resistir a este repuxo de imagens. Cito por inteiro a "Tempestade":

> Os relâmpagos chicoteiam com fúria
> os cavalos cinzentos das nuvens
> para chegar mais depressa à Terra.

> As trovoadas longínquas parecem
> caminhões cheios de água em disparada
> por velhas ruas mal calçadas.

> E o vento rasteiro
> vestido de poeira

passa faminto como um cão
farejando a Terra...

***

A chuva já passou.

A noite límpida é um menino
saindo detrás das montanhas.

E ele vem correndo, vem correndo,
alegremente,
todo molhado.

Os homens assombrados
julgando-o perdido
estavam já desanimados.

Mas ele vem correndo, vem correndo
alegremente
todo molhado.

Vem correndo... E, quando encontra
os homens cheios de olhares,
para e estende os braços úmidos
e vai espalhando pelo céu,
cheio de orgulho,
os mil pedaços ainda móveis
da verde cobra fosforescente
que matou nas florestas, atrás das montanhas...

Leigh Henry dissera militarmente:

o longínquo luziluzir
– brilhantes baionetas –
das estrelas...

Wolfenstein no poema *Nacht im Dorfe* confessa ingenuamente que o simples "ruído dum inseto põe-me um automóvel na frente".

O tesoiro é alibabesco!

– Cantar a vida... Não há novidade nisso!

– Concedo. O que há é modernidade em cantar a *vida de hoje.*

Mas onde nos levou a contemplação do pletórico século XX?

Ao redescobrimento da Eloquência.

Teorias e exemplo de Mallarmé, o errado

> *Prends l'eloquence et tords-lui son cou*

de Verlaine, deliciosos poetas do não-vai-nem-vem não preocupam mais a sinceridade do poeta modernista.

Da Itália, da Rússia, da Alemanha, dos Estados Unidos, povos de sentimentos fortes, de caracteres cubistas, angulares, o verso-*mélisande*, o verso-*flou* foi totalmente banido.

Aliás nunca foi preceito estético nesses países. Mas na própria França (inegavelmente mais sutil) a eloquência profética dum Claudel existe e é apreciada. Duhamel, Salmon, Cendrars, Romains são eloquentes.

– Abaixo a retórica!

– Com muito prazer. Mas que se conserve a eloquência filha legítima da vida.

É verdade que a França ainda está muito próxima das *Fêtes galantes* e da *Prose pour des esseintes*...

Na Alemanha, na Rússia, na Itália a eloquência domina.

Na Península é mais questão de temperamento. Na Alemanha, na Rússia é questão de momento, de sofrimento.

O alsaciano Ivan Goll, escrevendo indiferentemente em francês e alemão, canta a paz:

> Cada um de nós leva o céu no peito!
> Gentes dos polos e do equador dai-vos as mãos!
> Misturai-vos como as águas dos oceanos!

> . . . .
> Inesgotáveis as geleiras do mundo,
> inesgotáveis os corações dos homens!

O poeta é alsaciano. Sente-se que ama de igual paixão França e Alemanha. Diante dessa trapalhada de sentimentos antagônicos é natural que cante a paz. Para Marinetti e sequazes porém a guerra é a "higiene do mundo" – o que mais ou menos concorda com as ideias de Gourmont sobre as revoluções.

Walter von Molo em *Sprüche der Seele* cristaliza com vivacidade a eloquência vária das falas da alma que mais psicologicamente se chamariam movimentos do sub-eu. É admirável. Em poema de poucos versos vede a transição sugestiva:

> Inermes somos!
> Não há defesa contra os acontecimentos.
> Oscilamos no pulso da ruína.
> . . . .
> Rompe-se
> a escassa posse do mundo.
>
> O espírito
> olha sorrindo
> na esperança da vitória!
> Para ele estão sempre
> abertos
> todos os céus!

Na Rússia então reina a tumultuária floração dos poetas bolchevistas, legítimos rapsodos, sobre os quais paira soberana a memória de Alexandre Blok. Eis um trecho arquimoderno de Maiakovski:

> Camaradas,
> às barricadas!

Às barricadas dos corações e das almas!!
Só será verdadeiro comunista
o que queimar as pontes de retirada!
Nada de marchar, futuristas,
um salto para o futuro!
Não basta construir locomotivas!
…prepararam as rodas e se foram…
Se o canto não incendeia as estações
de que vale a corrente alternada?
Acumulai sons e mais sons!
E para a frente
a cantar, a assobiar!
Ainda há letras boas
R
CH
CHTSCH
Basta de verdades sem valor!
Apaga o antigo do teu coração!
Sejam as ruas nossos pincéis!
As praças nossas paletas!

Eu por mim não estou de acordo com aquele salto para o futuro. Vejo Lineu a rir da linda ignorância do poeta. Também não me convenço de que se deva apagar o antigo. Não há necessidade disso para continuar para frente. Demais: o antigo é de grande utilidade. Os tolos caem em pasmaceira diante dele e a gente pode continuar seu caminho, livre de tão nojenta companhia.

Maiakovski exagerou.

Esse exagero é natural, justificável, direi mesmo necessário em todas as revoluções. E ainda mais por se tratar de um russo a cantar essa Rússia convulsa que permitiu a Marina Tsvetaeva o belíssimo, doloroso grito:

Épocas há em que o sol é um pecado mortal!

Mas não basta justificar os exageros dos poetas modernistas de Alemanha e Rússia sofredora. Não basta justificar esses menestréis patrióticos com as sombras de Victor Hugo, Whitman e Verhaeren.

É preciso justificar todos os poetas contemporâneos, poetas sinceros que, sem mentiras nem métricas, refletem a eloquência vertiginosa da nossa vida.

Je suis honteux de mentir à mon œuvre
Et que mon œuvre mente à ma vie.[23]

É justo que em 1921 Menotti del Picchia entoe o Pean de sua vitória pessoal, como foi natural que Heredia, contrapondo-se ao romantismo do sentimento, caísse no romantismo técnico do seu verso *"implacablement beau".*[24]

Mas os poetas modernistas não se *impuseram* esportes, maquinarias, eloquências e exageros como princípio de todo lirismo. Oh não! Como os verdadeiros poetas de todos os tempos, como Homero, como Virgílio, como Dante, o que cantam é a época em que vivem. E é por seguirem os velhos poetas que os poetas modernistas são tão novos. Acontece porém que no palco de nosso século se representa essa ópera barulhentíssima a que Leigh Henry lembrou o nome: *Men-in-the-street...* Representêmo-la.

Assim pois a modernizante concepção de Poesia que, aliás, é a mesma de Adão e de Aristóteles e existiu em todos os tempos, mais ou menos aceita, levou-nos a dois resultados – um novo, originado dos progressos da psicologia experimental; outro antigo, originado da inevitável realidade:

1º: respeito à liberdade do subconsciente. Como consequência: destruição do assunto poético.

---

[23] Vildrac.
[24] Gourmont.

2º: o poeta reintegrado na vida do seu tempo. Por isso: renovação da sacra fúria.

Segunda parte

Mas essa inovação (respeito à liberdade do subconsciente), que é justificada pela ciência, leva a conclusões e progressos. É por ela que o homem atingirá na futura perfeição de que somos apenas e modestamente os primitivos o ideal inegavelmente grandioso da "criação pura" de que fala Uidobro.

Novidade pois só existe uma: objetivação mais aproximada possível da consciência subliminal.

Mas isso ainda não é arte.

Falta o máximo de crítica de que falei e que Jorge Migot chama de "vontade de análise".

Agora vereis se essa vontade de análise existe, pela concordância dos princípios estéticos e técnicos que já determinamos com o princípio psicológico de que partimos. Todas as leis proclamadas pela estética da nova poesia derivam corolariamente da observação do moto lírico.

Derivam não é bem exato. Fazem parte dele. Têm mais ou menos o papel das homeomerias de Anaxágoras: concorrem para a existência do lirismo – sempre vário, em constante mudança.

Tecnicamente são:
Verso livre,
Rima livre,
Vitória do dicionário.

Esteticamente são:
Substituição da Ordem Intelectual pela Ordem Subconsciente,
Rapidez e Síntese,
Polifonismo.

Denomino Polifonismo a Simultaneidade dos franceses, com Epstein por cartaz, o Simultaneismo de Fernando Divoire, o Sincronismo de Marcelo Fabri.

Explicarei mais adiante estes ismos e a razão do meu termo.

Verso livre e Rima livre…
Ainda será preciso discuti-los!

Continuar no verso medido é conservar-se na melodia quadrada e preferi-la à melodia infinita de que a música se utiliza sistematicamente desde a moda Wagner sem que ninguém a discuta mais.

A música, desque temos conhecimento dela, começou com a melodia infinita. Assim os fragmentos gregos que possuímos, assim as melodias dos selvagens, assim o canto gregoriano. Depois, influenciada pela poesia provençal, pelas danças e principalmente com a inovação do compasso (da "barra de divisão" como irritadamente diz o belga Closson) a melodia tornou-se quadrada. Muito depois nas lutas românticas do século passado reconheceu que estava em caminho errado e voltou resolutamente[25] à melodia infinita que ninguém discute mais.

A poesia…

É muito provável que Adão não poetasse à moda saloia:

Quem parte leva saudades
Quem fica saudades tem.

E muito menos ainda no sábio e erudito alexandrino.

Creio mesmo que plagiou os versos de Paulo Claudel, fortemente ritmados mas livres.

Nada mais natural.

---

[25] A razão deste "resolutamente" é que se podem citar exemplos de melodia infinita mesmo durante o império da melodia quadrada.

O que interessa sob o ponto de vista formal na constituição das artes do tempo é o ritmo.

Ritmo não significa volta periódica dos mesmos valores de tempo.

Isto será quando muito euritmia.

Euritmia aldeã rudimentar e monótona.

Ritmo é toda combinação de valores de tempo e mais os acentos, por isso convém que a oração (na prosa) tenha ritmo, mas não o metro, pois, se tornaria então poesia (Aristóteles, *Retórica*, livro III, Cap. VIII, 3).

Dirão que isto é cair na prosa…

Sob o aspecto "zabumba e caixa" de Castelo Branco, será.

Já se observou a tendência dos poetas modernistas a escreverem em prosa…

João Becher, cujo recente livro *Das neue Gedichte* recebo apenas, emparelha versos de uma linha e versos de 20 ou mais linhas!

Mas o que distingue a prosa da poesia não é o metro, com mil bombas!

Será preciso repetir ainda o estagirita?

E digo mais:

O verso continua a existir. Mas corresponde aos dinamismos interiores brotados sem preestabelecimento de métrica qualquer. E como cada transformação é geralmente traduzida num juízo inteiro (tomo juízo na mais larga acepção possível) segue-se que na maioria das vezes o verso corresponde a um juízo.

Nem sempre.

O entroncamento ainda é empregado. Mas não significa mais pensamento que exorbita de tantas sílabas poéticas, senão ritmos interiores dos quais o poeta não tem que dar satisfação a ninguém; e algumas vezes fantasias expressivas, pausas respiratórias, efeitos cômicos, etc.

Quanto à rima... nem se discute.

Estamos bem acompanhados na Grécia como no Brasil... com a *Nebulosa* de Joaquim Manoel de Macedo.

E assim mesmo os poetas modernistas utilizam-se da rima. Mas na grande maioria das vezes da que chamei "Rima livre", variada, imprevista, irregular, muitas vezes ocorrendo no interior do verso.[26]

Eis como Ronald de Carvalho se serve e desdenha da rima indiferentemente:

INTERIOR

Poeta dos trópicos, tua sala de jantar
é simples e modesta como um tranquilo pomar;

no aquário transparente, cheio de água limosa,
nadam peixes vermelhos, doirados e cor-de-rosa,

entra pelas verdes venezianas uma poeira luminosa,
uma poeira de sol, trêmula e silenciosa,

uma poeira de luz que aumenta a solidão.

Abre tua janela de par em par. Lá fora, sob o céu de verão
todas as árvores estão cantando! Cada folha
é um pássaro, cada folha é uma cigarra, cada folha
é um som...

O ar das chácaras cheira a capim melado,
a ervas pisadas, a baunilha, a mato quente e abafado.

Poeta dos trópicos,
dá-me no teu copo de vidro colorido um gole d'água.
(Como é linda a paisagem no cristal de um copo d'água!)

---

[26] "*Coi tuoi inverni, lenti, silenti*". Govoni;

"*Drüber, rüber!*". Augusto Sramm;

"*Le nugole bistre, bigie, grigie*". Cristaldi;

"*So müssten wir klimmen, erglimmen*". Teodoro Dæubler.

E agora Manuel Bandeira neste comovente:

BONHEUR LYRIQUE

Cœur de phtisique,
o mon cœur lyrique
ton bonheur ne peut pas être comme celui des autres.

Il faut que tu te fabriques
un bonheur unique
— un bonheur qui soit comme le piteux lustucru en
chiffons d'une enfant pauvre,
fait par elle même...

Mas a assonância principalmente, muito mais natural, muito mais rica, muito mais cósmica é utilizadíssima.

Guilherme de Almeida com seu gosto artístico infalível é que melhor a usou até hoje em língua portuguesa.

O próprio trocadilho... Não o bem feitinho, preparado, inteligente, pretensioso dum Rostand, dum Martins Fontes, Deus nos livre! mas o trocadilho malfeito, burlesco, eficaz, divertidíssimo.

O poeta brinca.

Lasciatemi divertire!

canta Pallazeschi na "Canzonetta".

Eis Pellerin:

Drap blanc, satin cardinalice
Dans l'ombre du car dine Alice.

Agora Cocteau:

Le crocodile croque Odile.

ou Paulo Morand:

Sur le ciel vert, d' un pathétique Pathé,

ou ainda Tristão Tzara:

arp l'arc et la barque à barbe d'arbre.

O poeta brinca.

Brincadeira sem importância mas que entre outros benefícios traz o de irritar até a explosão os passadistas. Ora a cólera dos passadistas é um dos prazeres mais sensuais que nós temos. Musset também já enfraquecia propositadamente as suas rimas só para irritar Victor Hugo...

E a nossa fábula é muito mais interessante que a de La Fontaine. Em nosso caso é o ratinho de uma brincadeira que dá à luz uma montanha de raiva em erupção. Mas não se atemorizem. Vulcão que não faz mal a ninguém.

É preciso notar todavia que Verso Livre e Rima Livre não significam abandono total de metro e rima já existentes. Valéry, Duhamel,[27] Romains, Cocteau, Klemm, von Molo, van Hoddis, Blox, Bialik, Lawrence, Eliot, Millay, Unamuno, Guilherme de Almeida, Manuel Bandeira, Ribeiro Couto, empregam ora o verso medido, ora a rima, ora ambos os dois.

O admirável Palazzeschi inventou uma espécie de ritmo binário embalador para sua métrica própria. Menotti del Picchia transpô-lo algumas vezes para o português.

Baudouin tem sua rítmica pessoal. Claudel já renovara o versículo bíblico.

O delicioso Paulo Fort (já que desci um pouco para trás dos modernizantes) criou o que também é quase uma rítmica pessoal.

A americana Amy Lowell no seu curioso ensaio "Some Musical Analogies in Modern Poetry" conta que inspirada por uma valsa foi-lhe forçoso escrever em medidas anapésticas.

Confessemos porém que qualquer métrica é prejudicial quando preestabelecida e que portanto tais poetas (com

---

[27] Duhamel e Vildrac imaginaram ainda a "constante rítmica" espécie de verso de pequeno número de sílabas (4, 5, 6) intercalado pelo poeta, discricionariamente, dentro dos versos livres.

exceção daqueles cujo princípio rítmico não é propriamente métrico) erram e que melhor fora então continuar nas duas métricas já existentes... por mais agradáveis ao vulgo.

Além disso: certos gêneros poéticos implicam a métrica. Escrever um soneto em verso livre seria criar um aleijão ainda mais defeituoso que certos sonetos de metros desiguais, dum Machado de Assis por exemplo.

(É verdade também que com as nossas teorias pouca disposição temos para escrever sonetos...)

Uma canção, um rondel, quase que também obrigam a uma cadência periódica predominante e aos ecos agradáveis e sensuais da rima.

É de Vildrac dulcíssimo esta linda canção:

Si l'on gardait, depuis des temps, des temps,
Si l'on gardait, souples et odorants,
Tous les cheveux des femmes qui sont mortes,
Tous les cheveux blonds, tous les cheveux blancs,
Crinières de nuit, toisons de safran,
Et les cheveux couleur de feuilles mortes,
Si on les gardait depuis bien longtemps,
Noués bout à bout pour tisser les voiles
Qui vont sur la mer,
Il y aurait tant et tant sur la mer,
Tant de cheveux roux, tant de cheveux clairs,
Et tant de cheveux de nuit sans étoiles,
Il y aurait tant de soyeuses voiles
Luisant au soleil, bombant sous le vent,
Que les oiseaux gris qui vont sur la mer
Que les grands oiseaux sentiraient souvent
Se poser sur eux,
Les baisers partis de tous ces cheveux,
Baisers qu'on sema sur tous ces cheveux
Et puis en allés parmi le grand vent...

***

Si l'on gardait, depuis des temps, des temps,
Si l'on gardait, souples et odorants,
Tous les cheveux des femmes qui sont mortes,
Tous les cheveux blonds, tous les cheveux blancs
Crinières de nuit, toisons de safran,
Et les cheveux couleur de feuilles mortes,

Si on les gardait depuis bien longtemps,
Noués bout à bout, pour tordre des cordes,
Afin d'attacher
À des grands anneaux tous les prisonniers
Et qu'on leur permit de se promener
Au bout de leur cordes,

Les liens des cheveux seraient longs, si longs,
Qu'en les déroulant du seuil des prisons,
Tous les prisonniers, tous les prisonniers
Pourraient s'en aller
Jusqu'à leur maison...

Jorge Lothe, em França, com seus estudos de fonética experimental, provou que (cientificamente) a métrica quantitativa era errada.

O dr. Patterson, primeiramente nosso antagonista, depois dos estudos que fez e resultados que obteve, verificou a legitimidade do verso livre.

(São informações que colho: a primeira em Epstein, a segunda em Amy Lowell.) Mas estou perdendo tempo em justificar conquistas já definitivas.

Apontei ainda a Vitória do Dicionário.

A expressão do lirismo puro levou-nos a libertar a palavra da ronda sintática.

Num período destrutivo de revolução que felizmente já passou exclamaram os poetas:

Et ces vieilles langues sont tellement près de mourir
Que c'est vraiment par habitude et manque d'audace
Qu'on les fait encore servir à la poésie.

Insurgiram-se principalmente contra a gramática. Quiseram negar-lhe direitos de existência.

Não é bem isso. A gramática existe. A gramática é científica, suas conclusões são verdadeiras, psicológicas. A própria sintaxe não pode ser destruída senão em parte.

Existirão eternamente sujeito e predicado.

O que alguns abandonaram é o preconceito de uma construção fraseológica fundada na observação do passado em proveito de uma construção muito mais larga, muito mais enérgica, sugestiva, rápida e simples.

Certas licenças antigas são hoje de uso quotidiano.

A frase elíptica reina.

Pululam os verbos, adjetivos, advérbios tomados como substantivos.

Acontece que o substantivo às vezes é adjetivo...

A operação intelectual com que o poeta modernista expressa o lirismo é a seguinte:

A sensação simples ao se transformar em ideia consciente cristaliza-se num universal que a torna reconhecível.

Pois o poeta modernista escreve simplesmente esse universal.

A inteligência forma ideias sobre a sensação. E ao exteriorizá-las em palavras age como quem compara e pesa. A inteligência pesa a sensação não por quilos mas por palavras. Mesmo para o ato de pensar posso empregar metaforicamente o verbo pesar (Dermée) pois que a inteligência ligando predicado e sujeito para reconhecer a equipolência destes pesa-lhes os respectivos valores. Ora se o poeta quer exprimir a nova sensação redu-la à palavra que determinou a sensação idêntica anterior.

Exemplifico:

A criada chega ao armazém e fala:

– Bom dia, seu Manoel. Um quilo de pão, faz favor?

O vendeiro póe o peso quilo numa das conchas da balança e na outra o pão.

Se o fiel se verticaliza ao quilo peso corresponde exatamente o quilo pão.

Nossos olhos veem um cachorro.

Sensação.

A inteligência pesa a sensação e conclui que ela corresponde exatamente ao universal cachorro, pertencente a essa vultuosa coleção de pesos que é o dicionário.

O fiel que temos na razáo verticalizou-se.

O peso está certo.

À sensação recebida de um semovente de quatro patas, rabo, focinho e outros almofadismos designamos com a palavra cachorro.

Eis o peso simples.

Agora:

Na operação do vendeiro acontece muitas vezes que o páo não dá bem um quilo. Faltam 50 gramas. Então o vendeiro corta um pedaço de outro páo e ajunta ao que está pesando. Ficou um peso, diremos, composto.

Além de sensações simples temos sensações compostas e complexas.

Será sensação composta quando o universal não corresponder exatamente à sensação e lhe ajuntarmos os 50 gramas dum adjetivo, dum tempo de verbo, etc. O cachorro correu.

A sensação será complexa quando um universal só não for suficiente e precisarmos de vários universais para pesá-la.

Também na vida: em vez dum seco pedaço de páo preferirei às vezes uma *coupe* em que haja sorvete, creme Chantilly e figos. Sensação complexa.

Tiro exemplo de Sérgio Milliet.

O poeta entra num salão em que se dança e bebe à barulheira muito pouco parnasiana dum Jazz-Band.

Imediatamente recebe uma sensação de conjunto, *complexa*.

(Não digo com isto que tenha escrito seu poema no momento da sensação. O moto lírico é geralmente uma recordação – fecundo minuto em que surge na meia-noite do subconsciente o luminoso préstito dos "fantasmas" aristotélicos. E surgem embelezados ganhando em valor estético o que perderam de realidade, como legisla uma lei de memória.)

Pois Sérgio Milliet com três nomes sintetiza a sensação complexa:

Rires Parfums Decolletés.

É admiravelmente exato. Talvez mesmo sem querer o poeta registrou o trabalho dos três sentidos que fatalmente agiram no instante:

o ouvido (*rires*)
o olfato (*parfums*)
a vista (*decolletés*)

Uma observação: três universais apenas não dão para representar a sensação complexa do poeta. É evidente. Mas

1º A poesia não é só isso. Continua ainda. A poesia toda é o resultado *artístico* da impressão complexa.

2º O poeta sintetiza e escolhe[28] os universais mais impressionantes. O poeta não fotografa: cria. Ainda mais: não reproduz: exagera, deforma, porém sintetizando. E da es-

---

[28] Lei ordinária de W. James.

colha dos valores faz nascer euritmias, relações que estavam esparsas na vida, na natureza, e que a ele, poeta, competia descobrir e aproximar. Nisto consiste seu papel de *artista*.

O poeta parte de um todo de que teve a sensação, dissocia-o pela análise e escolhe os elementos com que erigirá um outro todo, não direi mais homogêneo, não direi mais perfeito que o da natureza mas

DUMA OUTRA PERFEIÇÃO,
DUMA OUTRA HOMOGENEIDADE.

A natureza existe fatalmente, *sem vontade própria*. O poeta cria por inteligência, *por vontade própria*.

Querer que ele reproduza a natureza é mecanizá-lo, rebaixá-lo. Desconhecer os direitos da inteligência é uma ignomínia.

A incompreensão com que os modernistas de todas as artes são recebidos provém em parte disso.[29]

O espectador procura na obra de arte a natureza e como não a encontra, conclui:

– Paranoia ou mistificação! O autor é idiota.

"*Il y a toujours l'alternative: 'C'est idiot' et 'Je suis idiot'*"[30]

A natureza é apenas o ponto de partida, o motivo para uma criação inteiramente livre dela.

Goethe, meu Goethe amado e passado embora não passadista[31] já o afirmaste:

"O artista não deve estar conscientemente com a natureza, deve conscientemente estar com a arte. Com a mais fiel imitação da natureza não existe ainda obra de arte, mas

---

[29] As outras partes são: a preguiça de mudar, a falta de amor, a má vontade, a inveja e a burrice.

[30] Epstein.

[31] Nada de confusão: há grande diferença entre ser do passado e ser passadista. Goethe pertence a uma época passada mas não pe passadista porque foi modernista no seu tempo. Passadista é o ser que faz papel do carro de boi numa estrada de rodagem.

pode *desaparecer quase toda a natureza de uma obra de arte e esta ser ainda digna de louvor*"!

Que dirão a isto os poderosos da terra?

Voltemos a Sérgio Milliet. Depois do primeiro verso o poeta já pôde pormenorizar certas sensações compostas. Daí o poema:

JAZZ-BAND

Rires Parfums Decolletés
Bigarrure multiple des couleurs
Et de ci de là tâches blanches
sur fond noir

O la verve des jambes élastiques

Lenteur savante des glissades
déhanchements nerveux
et ces pas comme des boutades

Négation des lois de l'équilibre
et des élégances admises
Sensibilité du rythme blasé
tombe
se relève
frise la parodie
Combien aimable
Le nègre se détraque

Et jusqu'aux lampes électriques
qui se départissent de leur flegme

Ora nos 10 primeiros versos não há uma só frase gramaticalmente inteira e nenhum verbo presente. O criador pouco se incomodou com gramáticas nem sintaxes. Não escreveu no estilo *nouveau-riche* de Victor Hugo nem no estilo efebo de Régnier. Compôs uma poesia a meu ver extraordinária unicamente pesando sensações com palavras do dicionário.

De tais resultados Cocteau tirou a sua adoração ao léxico, Marinetti criou a palavra em liberdade. Marinetti aliás descobriu o que sempre existira e errou profundamente tomando por um fim o que era apenas um meio passageiro de expressão. Seus trechos de palavras em liberdade são intoleráveis de hermeticismo, de falsidade e monotonia.

É pois para realizar de maneira mais aproximada o lirismo puro que o dicionário, filho feraz da humanidade, tornou-se independente da sintaxe e da retórica – teorias militaristas nascidas no orgulho infecundo das torres de marfim.

Parêntese:

Um dos maiores perigos da poesia modernista é a analogia e sua irmã postiça a perífrase.

A sensibilidade moderna, antes hipersensibilidade, provocada pelos sucessos fortes continuados da vida e pelo cansaço intelectual tornou-nos uns imaginativos de uma abundância fenomenal. Para evitar chavões do "como" do "tal" do "assim também"...

"Assim do coração onde abotoam..."
infalível nos sonetos de comparação o poeta substitui a coisa vista pela imagem evocada. Sem preocupação de símbolo.

É a analogia, ou antes "o demônio da analogia" em que soçobrou Mallarmé.

Mas a irmã bastarda da analogia, a perífrase, parece-se muito com ela.

A diferença está em que a analogia é subconsciente e a perífrase uma intelectualização exagerada, forçada, pretensiosa.

É preciso não voltar a Rambouillet!

É preciso não repetir Góngora!

É PRECISO EVITAR MALLARMÉ!

A imagem exagerada, truculenta mesmo, é natural, é expressiva. A perífrase, luxo inútil, paroquiano, pedante. Já Antífanes indicava-lhe a inutilidade.

Sérgio Milliet claudica no poema que citei atrás ao substituir a música executada pelo jazz, por

"*Sensibilité du rythme blasé*".

É defeito que devia ser extirpado em poesia tão perfeita.

Cito agora um delicioso poema de Guilherme de Almeida, do grupo "Sugerir", em que o poeta substitui a *causa* da sensação pelo efeito subconsciente. Analogias finíssimas.

BAILADO RUSSO

A mão firme e ligeira
puxou com força a fieira,
     e o pião
fez uma elipse tonta
no ar, e fincou a ponta
     no chão.

É um pião com sete listas
de cores imprevistas.
     Porém,
nas suas voltas doudas,
não mostra as cores todas
     que tem.

Fica todo cinzento
no ardente movimento.
     E até
parece estar parado,
teso, paralisado,
     de pé.

Mas gira. Até que aos poucos,
em torvelins tão loucos
assim,
já tonto bamboleia,
e bambo, cambaleia…
Enfim

tomba. E, como uma cobra,
corre mole e desdobra
então
em hipérboles lentas
sete cores violentas
no chão.

Isto chama-se "bailado russo"…
Substituição da ordem intelectual pela ordem subconsciente.
Esse um dos pontos mais incompreendidos pelos passadistas.

Entre os próprios poetas que poderiam ser qualificados de modernizantes reina contradição. Nem todos seguem o processo.

Na Itália por exemplo, a não ser o grande Folgore, o Soffici dos *Quimismos líricos* e mais algum raro exemplo, a lógica intelectual é romanticamente respeitada.

Entre nós muitos não a abandonaram.

Na verdade: tal substituição duma ordem por outra tem perigos formidáveis. O mais importante é o hermeticismo absolutamente cego em que caíram certos franceses na maioria de seus versos.

Erro gravíssimo.

E falta de lógica.

O poeta não fotografa o subconsciente.

A inspiração é que é subconsciente, não a criação. Em toda criação dá-se um esforço de vontade. Não pode haver esforço de vontade sem atenção. Embora a atenção para o poeta modernista se sujeite curiosa ao borboletear do subconsciente – asa trépida que se deixa levar pelas brisas das associações – a atenção continua a existir e mais ou menos uniformiza as impulsões líricas para que a obra de arte se realize. Surbled diz admiravelmente: "Força é reconhecer, no entanto, que, se o subconsciente deixa-se levar por mil afastamentos, nem por isso o fio que o liga à inteligência se rompeu. Foi apenas encomprido. O mínimo esforço de atenção é o suficiente para que o espírito colha as rédeas e obrigue o sub-eu a obedecer ao eu".

(E é por isso que nossa poesia poderá chamar-se de psicológica e subconsciente sem que deixe de ter um tema principal, um assunto que originado do moto lírico inicial volta sempre a ele ou continua integral *pelo esforço da atenção*.)

A reprodução exata do subconsciente quando muito daria, abstração feita de todas as imperfeições do maquinismo intelectual, uma totalidade de lirismo. Mas *lirismo* não é *poesia*.

O poeta *traduz* em línguas conhecidas o eu profundo. Essa tradução se efetua na inteligência por um juízo, pelo que é na realidade em psicologia "associação de ideias".

O poeta modernista usa mesmo o máximo de trabalho intelectual pois que atinge a abstração para notar os universais.

(Muito mais por esse lado é que Epstein poderia afirmar que abandonáramos a inteligência em proveito dessa mesma inteligência.)

É preciso pois combater sem quartel o hermeticismo.

Não quero porém significar com isso que os poemas devam ser tão cháos que o caipira de Xiririca possa compreendê-los tanto como o civilizado que conheça psicologia, estética e a evolução histórica da poesia.

Voltemos à ordem do subconsciente.

Uma pessoa desinstruída nas teorias modernistas horroriza-se ante a formidável *desordem* das nossas poesias.

– Não há ordem! Não há concatenação de ideias! Estão loucos!

(Houve já quem tomasse a sério essa acusação de loucura e provasse inutilmente, meu Deus! as diferenças fundamentais entre a literatura dos modernistas e a dos alienados. Foi caso único. Em geral nós nos rimos dessa acusação. Deu-nos apenas motivos para mais lirismo.

> *Sur une pierre*
> *où nage un acacia pâle et mignon*
> *un cubiste m'a dit*
> *que j'étais fou*

saltita Picabia. E Palazzeschi em "Chi sono?"

> *Chi sono?*
> *Son forse un poeta?*
> *No, certo.*
> *Non scrive che una parola ben strana*
> *la perna dell'anima mia:*
> *FOLLIA...*

Max Jacob esse então construiu numa das páginas mais belas de toda a sua obra o Asyle des Dégénérés Supérieurs de Flammanville...)

Mas, oh bem-pensantes! é coisa evidente: NÃO SOMOS LOUCOS... Essa falta de ordem é apenas aparente. Substituiu-se uma ordem por outra. E isso *apenas* nos trabalhos de ficção a que melhormente cabe o nome de *poesia*, quer sejam em verso, quer em prosa.

E não é consequência justa?

Seria possível dar uma ordem, uma lógica intelectual, uma concatenação de ideias, uma retórica às impulsões do eu profundo, a que não rege

NENHUMA DETERMINAÇÃO INTELECTUAL
QUE INDEPENDE DE NÓS MESMOS
É IMPESSOAL E ESTRANHO?[32]
Nisso estaria o contrassenso,
ESTARIA O ERRO.

Não houve destruição de Ordem, com cabídula. Houve substituição de uma ordem por outra.

Assim, na poesia modernista, não se dá, na maioria das vezes, concatenação de ideias mas associação de imagens e principalmente:

SUPERPOSIÇÃO DE IDEIAS E DE IMAGENS.
Sem perspectiva nem lógica intelectual.

Mas o éforo parnasiano nos lê e zanga-se por não encontrar em nossos poemas a lógica intelectual, o desenvolvimento, a seriação dos planos e mais outros *Idola Theatri*.

Mas se procura no poema o que neste não existe! Não somos vates palacianos!

Não somos poetas condutícios!

Nossos versos não são feitos de encomenda!

Vivem a dizer que tudo queremos destruir... É mentira. Esse período revolucionário já passou.

A cada destruição do fim do século passado opomos um novo princípio:

À destruição do verso pelo poema em prosa, preferimos, escolhemos o já existente Verso Livre. À destruição da sintaxe, a Vitória do Dicionário.

À destruição da ordem intelectual, a Ordem do Subconsciente.

---

[32] Ribot.

Não fixamos, não colorimos, não matamos as células constitutivas da sensibilidade para observá-las. A ultramicroscopia da liberdade aparentemente desordenada do subconsciente permitiu-nos apresentar ao universo espaventado o plasma vivo das nossas sensações e das nossas imagens.

Mas pedem-nos em grita farisaica uma estética total de 400 páginas *in quarto*...

Isso é que é asnidade.

Onde nunca jamais se viu uma estética preceder as obras de arte que ela justificará?

As leis tiram-se da observação.

Apriorismo absoluto não existe.

E o que nos orgulha a nós é justamente este senso da realidade que jamais foi tão íntimo e tão universal como entre os modernistas.

A tragédia grega evolveu do ditirambo – uma cantoria – não nasceu do esteticismo peripatético.

E mesmo quando leis estéticas são impostas, um estilo é predeterminado, que acontece?

A Camerata Florentina propôs-se a copiar a tragédia lírica de Ésquilo... No entanto produziu a ópera...

Derivada desse princípio da Ordem Subconsciente avulta na poesia modernista a associação de imagens. Para alguns mesmo parece ela tornar-se uma norma fundamental.

Outro erro perigosíssimo.

É a mesma confusão de Marinetti: o meio pelo fim.

Inegável: a associação de imagens é de efeito esfuziante, magnífico e principalmente natural, psicológica mas...

olhai a cobra entre as flores:

O poeta torna-se tão hábil no manejo dela que substitui a sensibilidade, o lirismo produzido pelas sensações por um simples, divertidíssimo jogo de imagens nascido duma inspiração única inicial. É a lei do menor esforço, é cismar constante que podem conduzir à ruína.

Além disso: pode tornar-se consciente, provocada, procurada, e nesse caso uma virtuosidade. Aqueles dentre nós que estão mais perto desse abismo são: Sérgio Milliet, Luís Aranha.

Deixo-lhes aqui este aviso para que não caiam na virtuosidade – indumentária brilhante com que os sentidos traidores escondem o ogre odiado do sentimentalismo.

Campoamor e Banville são igualmente sentimentais.

Mostro um passo impagável da obra de Luís Aranha, extraído do *Poema giratório* – que aliás não é construído unicamente assim:

. . . .

Eu morria de dieta no hospital
Emprestavam-me livros franceses e ingleses
Um dia uma revista
Conheci então Cendrars
Apollinaire
Spire
Vildrac
Duhamel
Todos os literatos modernos
Mas ainda não compreendia o modernismo
Fazia versos parnasianos
Aos livros que me davam preferia viajar com a imaginação
Paris
Bailarinas de café-concerto rodopiando na ponta dos pés
Ou então a casa de um chinês esquecimento da vida
Antro de vícios elegantes
Morfina e cocaína em champanha
Ópio
Haschich
Maxixe

Todas as danças modernas
Doente perdi um baile numa sociedade americana de
     S. Paulo
Minha cabeça girava como depois de muito dançar
E o mundo é uma bailarina de vermelho rodopiando na
     ponta dos pés no café-concerto universal

Gosto de bailes de matinées
E os jornais trazem anúncios de chás-dançantes
La Prensa diz
     "A Argentina proibiu a exportação de trigo"
     Nova lente no observatório de Buenos Aires
Estudo astronomia numa lente polida por Spinosa
Judeu
Uma sinagoga nos Andes
Não sei se a Cordilheira cai a pique sobre o mar
Santiago
E os barcos de minha imaginação nos mares de todo
     o mundo...

Delirante de graça.

Direi mais: é admirável.

É perigosíssimo.

Devemos nos precatar contra o verme do mau romantismo que todo homem infelizmente carrega no corpo – esse túmulo, como lhe chamou Platão.

Rapidez e Síntese.

Congregam-se intimamente.

Querem alguns filiar a rapidez do poeta modernista à própria velocidade da vida hodierna...

Está certo. Este viver de ventania é exemplo e mais do que isso circunstância envolvente que o poeta não pode desprezar.

Creio porém que essa não foi a única influência.

A divulgação de certos gêneros poéticos orientais, benefício que nos veio do passado romantismo, os tankas, os haikais japoneses, o gazel, o rubai persas por exemplo creio piamente que influíram com as suas dimensões minúsculas na concepção poética dos modernistas.

(Aliás muito em segredo, acredito que a tradução em prosa desses admiráveis poemas das línguas pouco manejadas contribuiu para que percebêssemos que poesia era o conteúdo interior do poema e não a sua forma. É muito provável que a aceitação do verso livre e da rima livre provenha ao menos em parte dessas traduções em prosa.)

Geralmente os poetas modernistas[33] escrevem poemas curtos. Falta de inspiração? de força para *Colombos* imanes? Não. O que existe é uma necessidade de rapidez sintética que abandona pormenores inúteis.

Nossa poesia é resumo, essência, substrato.

Vários poetas voltam às vezes aos minúsculos cantarcilhos do século XV. Porém amétricos. Picabia tem várias poesias dísticas. Mas creio que Apollinaire levou para o túmulo a cintura de ouro com o monístico de *Alcools*. Luís Aranha passeia acaso pelo Japão, na "Drogaria de éter e de sombra"... Daí ter escrito haikais libérrimos:

> Jogaste tua ventarola para o céu
> Ela ficou presa no azul
> convertida em lua.

Ainda a mesma dama das mansões celestes, inspira-lhe este "Epigrama à Lua" – imagem graciosa de noite estrelada:

> Odalisca,
> nos coxins de paina do céu,

---

[33] Excetuam-se quase todos os italianos.

olá

tu deixaste romper o teu colar de pérolas!...[34]

Admirável poesia de Ribeiro Couto tem cinco versos:

E chove... Uma goteira, fora,
como alguém que canta de mágoa
canta, monótona e sonora,
a balada do pingo d'água.

Chovia quando foste embora...

Ronald de Carvalho tem poemas minúsculos de grande beleza.

Mas essa rapidez material não nos interessa tanto. Sob o ponto de vista ocidental, moderno é uma das consequências apenas da rapidez espiritual que se caracteriza em nós muito mais pela síntese e pela abstração.

O homem instruído moderno, e afirmo que o poeta de hoje é instruído, lida com letras e raciocínio desde um país da infância em que antigamente a criança ainda não ficara pasmada sequer ante a glória da natureza. Um menino de 15 anos neste maio de 1922 já é um cansado intelectual.

"Ela (a atenção) é uma das condições indispensáveis para que se dê fadiga intelectual."[35]

O raciocínio, agora que desde a meninice nos empanturram de veracidades catalogadas, cansa-nos e CANSA-NOS. Em questão de meia hora de jornal passa-nos pelo espírito quantidade enorme de notícias científicas, filosóficas, esportivas, políticas, artísticas, mancheias de verdades, erros, hipóteses.

---

[34] Num dos poemas de Mayakowski publicados pela revista inglesa *Fanfarre* encontro – "Alô! Grande Ursa!".
Os modernistas se encontram também.

[35] A. Mosso.

"*Le monde est trouble comme si c*'était la fin de la bouteille."[36]

Comoções e mais comoções, geralmente de ordem intelectual.

Defeito?

Nem defeito nem benefício.

RESLTADO INEVITÁVEL DA ÉPOCA.

Consequência da eletricidade, telégrafo, cabo submarino, TSF, caminho de ferro, transatlântico, automóvel, aeroplano.

Estamos em toda parte pela inteligência e pela sensação.

Dá-se em nós um movimento psicológico diário, exatamente inverso ao inventado por William James. Diz o fantasista *yankee*:

Vemos um lião.

Nosso corpo treme

Resultado *consciente* do tremor:

Temos medo.

É o contrário conosco:

Lemos "Paris".

Nossa memória evoca:

Paris!

Resultado *sensitivo* da evocação;

Andamos no boulevard des Capucines.

Mas deixemo-nos de sorrir!

O que não é sorriso.

O homem moderno, em parte pelo treino quotidiano, em parte pelo cansaço parcial intelectual, tem uma rapidez de raciocínio muito maior que a do homem de 1830.

Dois resultados disso:

---

[36] P. Morand.

1º Uma como que faculdade devinatória que nos leva a afirmações *aparentemente aprioristicas* mas que são a soma de associações de ideias com velocidade de luz.

(A conhecida metáfora do raio de luz no cérebro não é mais do que isso. E o homem moderno sente mais frequentemente essas *Illuminations*, porque raciocina mais rápido).

2º Usamos constantemente a síntese suprema[37] ultraegipcíaca e consequentemente a utilização quotidiana, na poesia modernista, da abstração, do universal.

O catedrático, enchinesado no seu ostracismo ensimesmal, olha por acaso de uma das janelas de sua prisão voluntária e vê no asfalto o novo menestrel que passa a cantar palavras soltas e verbos no infinito... E, como professor que ensina e está costumado a imaginar tudo bem ensinadinho – o motivo lírico e a limpeza das unhas – escachoa:

– É louco! burro! ignorante! cabotino!

---

[37] Ainda aqui uma "iluminação" de Rimbaud veio afinal a resolver-se numa verdade científica. Os menos ignorantes recordar-se-ão de que na *Alquimia do verbo* ele confessa apreciar pinturas de casas de mércio, anúncios etc. Estou convencido de que a necessidade de síntese e de energia que deu a tais anúncios formas elípticas arrojadas influiu na sintaxe dos modernistas. Mesmo na língua, afirma Fernando Brunot no seu recente livro *La Pensée et la langue*. Não conheço esta obra. Mas eis um trecho do capítulo "Indications", citado por Thibaudet: "*Il paraît chaque jour, par milliers dans les journaux des* indications *de tontes espèces; Il y a dans les rues, sur les enseignes, partout: Epicerie en gros. Docteur médecin, Maladies des yeux, Défense d'afficher... Il ne foudrait pas croire qu'il ua ait là une frme enfèrieure du langage; ces indications ont un rôle immense dans la vie, et exercent une influence sensible sur le développement de la langue. Depuis de XIXe siècle surtout elles contribuent fortement aux changements du lexique, à cause de leurs besoins propres. Elles ne sont pas non plus sans action sur la syntaxe, par les réductions auxquelles les obligent les places, les prix et la nécessité d'etre lues d'un coup d'œil: c'est un style télégraphique d'un autre genre, qui a ses règles obscures, dont la principale est de faire le plus d'effet avec le moins de mots possibles*". Há nestas frases toda a expressão de uma técnica muito usada entre os modernistas de todas as artes.

Em última análise o catedrático tem razão, coitado! Para ele somos cabotinos, ignorantes, burros, loucos – embora estas... qualidades não possam andar juntas.

O mal do professor foi não seguir o conselho de Duhamel:

> *Laissez en paix cet homme là*
> *Puisqu'il n'est pas de votre race!*
> *Ne riez pas de son langage*
> *Que vous ne savez point aimer!*

E não vos lembrais de Jerônimo Coignard?

"*Mon fils, j'ai connu trop de sortes de personnes et traversé des fortunes trop diverses pour m'*étonner de rien. Ce gentilhomme paraît fou, moins parce qu'*il l'est réellement que parce que ses pensées diffèrent à l'excès de celles du vulgaire.*"

Lembro agora apenas uma outra feição da poesia modernista – feição derivante do emprego direto do subconsciente.

Consiste ela em pretender realizar estados sinestésicos.[38]

O poeta, habituado a deixar-se levar pelo eu profundo tão dependente do estado físico, consegue à medida do possível, já se vê, grafar certos instantes de vacuidade em que há como que um eclipse quase total da reação intelectual.

Resulta disso uma espécie de poesia muito mais pampsíquica que propriamente cenestésica. Excelentes no gênero: os dadaístas, os ex-dadaístas e os que se aproximam dos dadaístas. Tzara, Helène Bongard, Eluard, Soupault, Aragon, Lasso de la Vega, etc.

De Picabia:

> *Tic-Tac aux bains de vapeur*
> *il fait toujours un temps admirable aux bains de vapeur*

---

[38] Epstein é que fala isso.

> *en attendant l'heure le front sérieux*
> *l'intelligence se perd comme un porte-monnaie*

De Tzara:

> *vent pour l'escargot il vend des plumes d'autruche*
> *vend des sensations d'avalanche*
> *l'auto flagellation travaille sous mer*
> *et des deserts évanouis en plein air à décoration vases*
> *la roue de transmission apporte une femme trop grasse*
> *champs de parchemin troués par les pastilles*
> *qui a compris l'utilité des éventails pour intestins*
> *légère circulation d'argent dans les veines de l'horloge*
> *présente la présion du désir de partir.*

Outra morte por onde o hermeticismo nos surpreende e desgraça? Não creio. Tais "lirismos" podem ser excelentes mas a eles se confinarão apenas os que vivem em perpétua revolta.

SIMULTANEIDADE

Obrigado por insistência de amigos e dum inimigo a escrever um prefácio para *Pauliceia desvairada* nele despargi algumas considerações sobre o *Harmonismo* ao qual melhormente denominei mais tarde *Polifonismo*.

Desconhecia nesse tempo a *Simultaneidade* de Epstein, o *Simultaneismo* de Divoire. Até hoje não consegui obter legítimos esclarecimentos sobre o *Sincronismo* de Marcelo Fabri. Creio porém ser mais um nome de batismo da mesma criança.

Sabia de Soffici que não me contenta no que chama de *Simultaneidade*. Conhecia as teorias cubistas e futuristas da pintura bem como as experiências de Macdonald Right.

Quero dizer apenas que não tenho a pretensão de criar coisa nenhuma. Polifonismo é a teorização de certos processos empregados quotidianamente por alguns poetas modernistas.

Polifonismo e simultaneidade são a mesma coisa. O nome de *Polifonismo* caracteristicamente artificial deriva de meus conhecimentos musicais que não qualifico de parcos, por humildade.

Sempre me insurgi contra essa afirmativa muito diária de que a música é a mais atrasada das artes.

Inegavelmente no princípio, escravizada à palavra, tivera uma evolução mais lenta. Mas isso era natural. Sendo a *mais vaga* e a *menos intelectual* de todas as artes fatalmente teria uma evolução mais lenta. Os homens pouco livres ainda em relação à natureza tinham compreendido as artes *praticamente* como IMITAÇÃO. A música não imitava de modo facilmente compreensível a natureza. Daí apesar do prazer todo sensual que destilava, da preferência em que era tida, de seu lugar preponderante e indispensável nas funções de magia e religião, o estar sempre *esclarecida*, tornada *inteligível* pela palavra.

Apenas a técnica se desenvolvia. E esta mesmo, sem princípios espirituais de que fosse consequência, via-se embaraçada em crescer sozinha.

Chegara a música no entanto desde Palestrina e Lassus a uma perfeição técnica extraordinária.

Libertada da palavra, em parte pelo aparecimento da notação medida, em parte pelo desenvolvimento dos instrumentos solistas, conseguiu enfim tornar-se MÚSICA PURA, ARTE,

nada mais.

Foi então que apareceram os dois mais formidáveis artistas, *unicamente artistas*, que a terra produziu: João Sebastião Bach e Mozart.

Mas decai em seguida procurando de novo a imitação.

Beethoven é o mais formidável grito dessa decadência funestíssima. A segunda fase do gênio-herói é o mais pernicioso golpe que nunca recebeu a *arte do som*. Beethoven abandonou a música arquitetura sonora para criar a música mimésica, anedótica.

Mas com João Sebastião e Mozart ela já alcançara a suprema perfeição artística.

São estes homens os dois tipos mais perfeitos de criação subconsciente e da vontade de análise que cria euritmias artísticas de que a natureza é incapaz. Essa criação subconsciente e a preocupação única da beleza artística Mozart as confessou deslumbradoramente nas suas cartas. Bach não deixou confissões. Mas a menos importante das suas fugas demonstra a estesia de que ele se serviu. No século XVIII a música já realizara a obra de arte, como só seria definida 200 anos depois:

A OBRA DE ARTE É UMA MÁQUINA DE PRODUZIR COMOÇÕES.[39]

E só conseguimos descobrir essa verdade porque Malherbe chegou.

O Malherbe da história moderna das artes é a *cinematografia*.

Realizando as feições imediatas da vida e da natureza com mais perfeição do que as artes plásticas e as da palavra (e note-se que a cinematografia é ainda uma arte infante, não sabemos a que apuro atingirá), realizando a vida como *nenhuma arte* ainda o conseguira, foi ela o *Eureka!* das artes puras.

Só então é que se percebeu que a pintura podia e devia ser unicamente pintura, equilíbrio de cores, linhas, volumes

---

[39] Esta definição está completa para as pessoas "*Esprit-Nouveau*". Aqui no Brasil é preciso que se entenda que as comoções são de ordem artística. Edgardo Poe já observara, na "Filosofia da composição", que construíra "O corvo" com a precisão e a ridiges dum problema de matemáticas.

numa superfície; deformação sintética, interpretativa, estilizadora e não comentário imperfeito e quase sempre unicamente epidérmico da vida.

Só então é que se pôde compreender a escultura como dinamismo da luz no volume; o caráter arquitetural e monumental da sua interpretação.

Só então é que se percebeu que a descrição literária não descreve coisa nenhuma e que cada leitor cria pela imaginativa uma paisagem sua, apenas servindo-se dos dados capitais que o escritor não esqueceu.

Só então é que no teatro se pôde imaginar o abandono de todos os enfeites com que o conduzira ao mais alto romantismo da decoração a influência perniciosa do bailado russo. É verdade que a decoração teatral, principalmente na Alemanha e na Rússia e algumas vezes em França e Itália, caiu sob a influência cubista – a mais torta tolice a que poderia atingir uma orientação direita. E estou falando de decoração. Deveria falar do drama. Mas um Copeau na França, um Schumacher na Alemanha corroboram com as suas decorações e encenações para que o drama volte de novo ao que foi na antiguidade, ao que poderíamos tomisticamente chamar o abandono do princípio de individuação acidental pelo princípio imaterial. Descobriu-se de novo o teatro metafísico.

E finalmente só então é que se observou que a música já realizara, dois séculos atrás, esse ideal de arte pura – máquina de comover por meio da beleza artística.

Aliás, antes mesmo desta verificação, no fim do século passado, já certas artes se sujeitaram repentinamente à música por tal forma que caíram na terminologia musical e numa preocupação exagerada de musicalidade que ainda por muitas partes perdura.

Erro grave. Mais grave (por mais fácil de se popularizar), embora menos estéril, que o das vogais coloridas de Rimbaud.

Aliás Taine com segurança profética exclamara: "Em 50 anos a poesia se dissolverá em música".

A musicalidade dissolveu grande parte da poesia simbolista. Epígonos dessa erronia: Maeterlinck, René Ghil.

A musicalidade encanta e sensualiza grande parte da poesia modernista.[40, 41]

Escutai este solo de frauta por Palazzeschi:

LA FONTANA MALATA

Clof, clop, cloch,
cloffete,
cloppete,
clocchete,
chchch...
È giù nel
cortile
la povera
fontana
malata,
che spasimo
sentirla
tossire!
Tossisce,
tossisce,
un poco
si tace

---

[40] É um dos maiores defeitos de *Pauliceia desvairada*. Há musicalidade musical e musicalidade oral. Realizei ou procurei realizar muitas vezes a primeira com prejuízo da clareza do discurso.

[41] "O artista, ao qual a finalidade de sua arte não seja música, está na fase do boneco." – G. Hauptmann.

di nuovo
tossisce.
Mia povera
fontana,
il male
che ái
il core
mi preme.
Si tace,
non getta
più nulla,
si tace,
non s'ode
romore
di sorta,
che forse…
che forse
sia morta?
Che orrore!
Ah, no!
Rieccola,
ancora
tossisce.
Clof, clop, cloch,
cloffete,
cloppete,
clocchete,
chchch…
La tisi
l'uccide.
Dio santo,
quel suo
eterno
tossire

mi fa
morire,
un poco
va bene,
ma tanto!
Che lagno!
Ma Habel
Vittoria!
Correte,
chiudete
la fonte,
mi uccide
quel suo
eterno
tossire!
Andate,
mettete
qualcosa
per farla
finire,
magari…
magari
morire!
Madonna!
Gesù!
Non più
non più?
Mia povera
fontana
col male
che ái
finisci
vedrai
che uccidi

me pure.
Clof, clop, cloch,
cloffete,
cloppete,
clocchete,
chchch…

Escutai a viola de Cocteau:

BERCEUSE

Il est une heure du matin. Dors ma petite innocente.
La terre est un vieux soleil et la lune une terre morte.
Dors ma petite innocente.
Je ne te parlerai jamais des Éloïm, ni de la Kaballe, ni de
Moïse, ni de Memphis, ni du secret des hyérophantes.
Dors, ce n'est pas la peine, un bourru sommeil enfantin.
L'homme, il est né lorsque déjà bien mal allait la
terre. Il est né parce que la terre allait bien mal.
Il est né d'un refroidissement planetaire.
Dors.
Tout ce printemps qui te prépare un reveil où les oiseaux se
frisent la langue, qu'as-tu besoin de savoir qu'il
est une vermine de la décrepitude florissante?
Dors ma petite innocente.
Le soleil se prodigue (et ses traits ne sont pas formés) avec
l'enthousiasme de l'adolescence.
Et pour, un jour, prendre sa place, des nébuleuses se
condensent.
Dors. La lune inerte et son Alpe inerte et ses golfes inertes
promènent sous les projecteurs, un cadavre définitif.
Dors. Le peuple des planètes sensibles s'entrecroise, entraîné
dans le noir mélodieux cyclone du néant.
Voir mourir un monde est pour un monde une vaste blessure
impuissante.

Dors ma petite innocente.

Le feu se rétrécit, se pelotonne, et la dernière flamme, par
 l'orifice d'un volcan, s'echappe et c'est fini.

La terre, elle a flamboyé de toutes ses forces, mais peu à
 peu, elle a senti diminuer, diminuer son feu.

Une croûte épaisse et froide enferme le feu.

Il tente de la vaincre et il la créve où il peut.

Et il y eut la nature à sa surface vieillissante.

Dors contre ton coude, ô ma petite innocente.

 Et il y eut la nature, et il y eut l'homme et l'animal, comme
 sur un visage déclinant, le halo se résorbe et les traits
s'affirment et la résignation placide apparaît.

Dors, je ferai vibrer pour toi les planètes qui te dirigent.

Et Jupiter par le B et par l'OU

Et Saturne par l'S et par l'AI

Et j'embrasserai tes pieds et tes genoux.

O Pentagramme! o Serpentine! Étain de Jupiter sacral!

 Orchestre éolien des anneaux de Saturne! Géometrie
 incandescente!

Jupiter: loi. Saturne: mort.

Je regarde ton cher naïf profil qui dort.

Dors, ô ma petite innocente.

Entre americanos então, de posse de uma língua admiravelmente musical e onomatopaica, já se procurou até realizar por meio da palavra a sensação sonora e rítmica dos trechos musicais.

Quando a pretensão não é assim estéril, atingem maravilhas. Procurei traduzir um admirável poema da poetisa Amy Lowell. Chamo a atenção para a mudança rítmica operada no momento em que o peixe cansado de saltar e brincar toma rumo e parte em linha longa. Força é confessar que para não desrespeitar as intenções da artista fugi um pouco do que me ensinaram os dicionários bilíngues.

DELFIM NA ÁGUA AZUL

Vá! Murmulhando salta!
Água azul
Água rósea
Turbilhona, pincha, flutua,
focinha no vácuo da vaga,
mergulha, volteia,
encurva por baixo
          por cima…
Corte de navalha e se afunda…
Rola, revira,
enrecta-se e espirra no céu,
todo rosadas, flamantes gotinhas…
Anela-se no fundo
Pingo
Focinho para baixo
Curva
Cauda
Mergulha
e se vai…
Como bolhas leves de água azulada,
leve, oleoso cobalto,
coleante, líquido lápis-lazúli,
cambiantes esmeraldinas,
pinceladas de róseo e amarelo,
escorregóes prismáticos
sob o céu de ventania…

Mas o preconceito que leva a mesma poetisa a traduzir valsas de Bartok ou Lindsays a transcrever em palavras um *rag-time* é tomar o galo pela aurora.

Cada arte no seu galho.

Os galhos é verdade entrelaçam-se às vezes. A árvore das artes como a das ciências não é fulcrada mas tem rama implexa. O tronco de que partem os galhos que depois se desenvolverão livremente é um só: a vida.

Vários galhos se entrelaçam no que geralmente se chama SIMULTANEIDADE.

A simultaneidade originar-se-ia tanto da vida atual como da observação do nosso ser interior. (Falo de simultaneidade como processo artístico.) Por esses dois lados foi descoberta.

A vida de hoje torna-nos vivedores simultâneos de todas as terras do universo.

A facilidade de locomoção faz com que possamos palmilhar asfaltos de Tóquio, Nova York, Paris e Roma no mesmo abril.

Pelo jornal somos onipresentes.

As línguas baralham-se.

Confundem-se os povos.

As sub-raças pululam.

As sub-raças vencem as raças.

Reinarão talvez muito breve?

O homem contemporâneo é um ser multiplicado.

...três raças se caldeiam na minha carne...

Três?

Fui educado num colégio francês. Palpito de entusiasmo, de amor ante a renovação da arte musical italiana. Admiro e estudo Uidobro e Unamuno. Os Estados Unidos me entusiasmam como se fossem pátria minha. Com a aventura de Gago Coutinho fui português. Fui russo durante o Congresso de Gênova. Alemão no Congresso de Versalhes. Mas não votei em ninguém nas últimas eleições brasileiras.

– Traidor da pátria!

– Calabar!

– Antibrasileiro!

– Nada disso. Sou brasileiro. Mas *além de ser brasileiro* sou um ser vivo comovido a que o telégrafo comunica a nênia dos povos ensanguentados, a canalhice lancinante de todos os homens e o pean dos que avançam na glória das ciências, das artes e das guerras. Sou brasileiro. Prova? Poderia viver na Alemanha ou na Áustria. Mas vivo remendadamente no Brasil, coroado com os espinhos do ridículo, do cabotinismo, da ignorância, da loucura, da burrice para que esta Piquiri venha a compreender um dia que o telégrafo, o vapor, o telefônio, o Fox-Jornal existem e que A SIMULTANEIDADE EXISTE.

E lembrar que Whitman, há um século atrás, profetizara a simultaneidade nas estâncias do "Song of Myself"!…

E lembrar que muito antes de Walt Whitman, mas muitíssimo antes, a multiplicidade dos pensamentos de Job preocupara um dos seus amigos! E no entanto é bem de supor que a Baldad não atraísse a resolução de problemas estéticos nem realizações artísticas. Mas não está lá, no Livro, esta sua pergunta admirada: "Até quando falarás semelhantes coisas e *as palavras de tua boca serão um espírito multiplicado*?"

Humanidade difícil de entender!

Por seu lado a psicologia verifica a simultaneidade. Lembrai-vos do que chamei "sensações complexas".

A sensação complexa que nos dá por exemplo uma sala de baile nada mais é que uma simultaneidade de sensações.

Olhar aberto de repente ante uma paisagem, não percebe

primeiro uma árvore,

depois outra árvore,

depois outra árvore,

depois um cavalo
depois um homem,
depois uma nuvem,
depois um regato, etc.,
mas percebe simultaneamente tudo isso.

Ora o poeta modernista observando esse fenômeno das sensações simultâneas interiores (sensação complexa) pretende às vezes realizá-las transportando-as naturalmente para a ordem artística.

Denominei esse aspecto da literatura modernista: POLIFONIA POÉTICA.

Razões:

Simultaneidade é a coexistência de coisas e fatos num momento dado.

Polifonia é a união artística simultânea de duas ou mais melodias cujos efeitos passageiros de embates de sons concorrem para um *efeito total final.*

Foi esta circunstância do EFEITO TOTAL FINAL que me levou a escolher o termo polifonia.

Se cantarem a "Canção do aventureiro" e "Vem-cá-Bitu", dois cantores ao mesmo tempo, não temos artisticamente polifonia mas cacofonia.

Há simultaneidade mas realística, sem crítica, sem vontade de análise e consequentemente sem euritmia – qualidade imprescindível do fato arte.

Dois dançarinos, num *pas de deux,* ela em ritmo de valsa, ele em ritmo de polca, ela classicamente vestida, ele de calça, colete e paletó…

Existe simultaneidade. Não existe polifonia (num sentido já translato) porque não houve intenção de efeito total final, nem euritmia.

Ora a não ser música e mímica, nenhuma outra arte realiza *realmente* a simultaneidade.

Esta palavra (como polifonia) está empregada em sentido translato.

Foi levado por essa observação talvez que Epstein, embora reconhecendo nos poetas modernistas a pretensão de realizar a coisa, desconheceu o valor da simultaneidade e proclamou-a irrealizável.

Não há tal.

O que há é um transporte de efeito.

À audição ou à leitura de um poema simultâneo o efeito de simultaneidade não se realiza em cada sensação insulada mas na SENSAÇÃO COMPLEXA TOTAL FINAL.

E isso nem é novidade. Já existia.

Em todas as artes do tempo sem a soma total de atos sucessivos de memória (relativo cada um a cada sensação insulada) não poderia haver compreensão.

Mesmo num soneto passadista é a sensação complexa total final provinda dessa soma, que determina o valor emotivo da obra.

Uma diferença:

Num soneto passadista dá-se concatenação de ideias: melodia.

Num poema modernista dá-se superposição de ideias: polifonia.

Eis um exemplo característico desta superposição dado por Ronald de Carvalho:

> Um pingo d'água escorre na vidraça.
> Rápida, uma andorinha cruza no ar.
> Uma folha perdida esvoaça,
> esvoaça...
> A chuva cai devagar.

É típico, como exemplo de simultaneidade psicológica. Todos esses valores são conhecidos, mais que sabidos.

Não despertam mais que uma sensação já gasta quase que apagada. Mas donde vem esse estado de alma em que ficamos ao terminar o poema? estado de alma que é paz, que é sossego e solaçosa felicidade?

É que o poeta, escolhendo discricionariamente (crítica, vontade de análise para conseguir euritmia e Arte) discricionariamente alguns valores pobres não se preocupou com a relativa pobreza deles mas sim com a riqueza da sensação complexa total final. E é na verdade um Poeta, isto é, conseguiu o que pretendia.

Mais exemplos?

Nicolau Beauduin criou para realizar a simultaneidade os poemas de três planos. Tentativa curiosa. Cito um dos trechos que me pareceram mais burguesmente compreensíveis. Na realidade aqui o poema está no plano central. Os outros dois planos são associações nascidas, se assim poderei dizer, simultaneamente ou por outra, ideias relativas surgidas em corimbo – cachos de ideias. O defeito de Beauduin foi fixar três planos. Não há uma base psicológica que determine esse número três. Os planos podem ser em maior número. Por que não?

Au lieu des Parthenons sous les oliviers

Nephélocoveygie		élégies
		mythes antiques
	nous t'exalterons labeur des fabriques	
	Villes-Tours, sky-scrapers	*nouvelle optique*
	vie quotidienne et tragique,	
	bassins de radoub, docks, chantiers	
	avions monstres tri-moteurs	*White Star*
	paquebots géants à turbines	*Cie. Transatlantique*
	cinglant vers les Ameriques,	*Nord-Deutsche Lloyd*

le Cap	*l'Australie et les Antipodes*	Cunard Line
la Havane	*et les plus lointaines escales*	Hambourg America Linie
Sydney	*parmi les peuples de conteurs,*	Canadian Pacific
	tout autour de la mappe-monde	
	cerclée des traits des méri-diens.	
	Au lieu de la momie hellène	Orphée
Allô	*nous te chanterons*	Platon
All	*VIE ET TRAVAIL*	Sapho
	O monde organisé selon l'Esprit Nouveau	
	des ingenieurs anonymes,	
	constructeurs de ces cathe-drales sublimes:	les Paquebots.[42]

Eis uma impressão simultânea de Felipe Soupault:

DIMANCHE
L'avion tisse les fils télégraphiques
et la source chante la même chanson
Au rendez-vous des cochers l'apéritif est orangé
mais les mécaniciens des locomotives ont les yeux blancs
la dame a perdu son sourire dans les bois

E, para terminar estes exemplos, lembro-me de Luís Aranha. É entre nós, o que melhor percebeu a simultaneidade exterior da vida moderna. Não procura realizá-la propriamente nos seus versos, mas a vive e sente com uma intensidade singular entre nós. Ególatra, egocêntrico e contraditoriamente panteísta. Sinais dos tempos. Radiosamente orgulhoso do seu eu mas esse eu reflete os aspectos simultâneos

---

[42] Fragmento de "La Ville" no livro *L'Homme cosmogonique.*

universais. "Sou o centro!" exclama no "Poema Pitágoras", mas já no "Crepúsculo", fazendo lembrar Cendrars, lembrar Cocteau e o próprio Francis Jammes que já se dissera burro (animal) canta:

> Sou um trem
> Um navio
> Um aeroplano... etc.

para no mesmo "Poema Pitágoras", sintetizar num dos seus mais lindos versos, a estranha caridade moderna de reviver um homem na sua sensação as sensações universais:

> A Terra é uma grande esponja que se embebe das
> tristezas do Universo
> Meu coração é uma esponja que absorve toda a
> tristeza da Terra

Luís Aranha é já um filho da simultaneidade contemporânea.

Estou convencido que a simultaneidade será uma das maiores senão a maior conquista da poesia modernizante. No seu largo sentido poder-se-á dizer que é empregada por todos os poetas modernistas que seguem a ordem subconsciente. A alguns porém ela preocupa especialmente como a Beauduin, a Cendrars etc. Estes procuram entre pesquisas mais ou menos eficazes a forma em que ela melhormente se realize. Procuramos! Esforçamo-nos em busca duma forma que objetive esta multiplicidade interior e exterior cada vez mais acentuada pelo progresso material e na sua representação máxima em nossos dias. Talvez esforço vão... Talvez quimera... Que importa? Tende piedade dos inquietos! dos que procuram, e procuram ardentes, e procuram morrendo, atraídos (eterna imagem) por:

> *l'Impossible*
> *centre attractif où nos destins gravitent...*

Encerro meu assunto.

Noções gerais. Mesmo muitas vezes abandonadas.

O impressionismo construtivo em que nos debatemos é naturalmente uma florada de contradições.

E mesmo os poetas que em Itália, França, Brasil, Alemanha, Rússia etc. caminham por esta mesma estrada de construção que levará a Poesia a um novo período clássico não seguem juntos. Uns mais adiante. Outros mais atrás. Outros perdem-se nas encruzilhadas.

E será preciso dizê-lo ainda? Marinetti, que muitos imaginam o cruciferário da procissão, vai atrasadote, preocupado em sustentar seu futurismo, retórico às vezes, sempre gritalhão.

Mas lá seguimos todos irmanados por um mesmo ideal de aventura e sinceridade, escoteiros da nova Poesia. Não mais irritados! Não mais destruidores! Não mais derribadores de ídolos! Os passadistas não conseguem tirar de nós mais que o dorso da indiferença. O amor *esclarecido* ao passado e o estudo da lição histórica dão-nos a serenidade. A certeza duma ânsia legítima, dum ideal científico, dá-nos o entusiasmo. E é revestido com o aço da indiferença,

> os linhos da serenidade,
> as pelúcias do amor,
> os cetins barulhentos do entusiasmo, que partimos
> para o oriente, rumo do Ararat.

É desse lado que o sol nasce.

Mas não é só por causa do sol que partimos! É pela felicidade de partir, pela alegria de nos lançarmos na Aventura Nova! É pela glória honesta de caminhar, de agir, de viver!

Deliciosa antemanhã!

E olhar rapidamente para trás, só para sorrir, vendo a noite dilacerar-se em clarões de incêndio.

É que no ponto donde partimos ficaram outros tantos moços, atoleimados, furibundos, preocupados em carrear tinas infecundas de água fria. Araras! Insistem ainda em apagar o incêndio cujas garras nervosas, movediças pulverizam fragorosamente as derradeiras torres de marfim.

Ao rebate dos sinos que imploram a conservação das arquiteturas ruídas respondemos com o "Larga!" aventureiro da vida que não para.

Laus Deo

Klaxon

Klaxon n. 1 (15 de maio de 1922)

Pianolatria

É costume dizer-se que São Paulo está musicalmente mais adiantado do que o Rio. E logo a prova: "Tivemos Carlos Gomes. Temos Guiomar Novaes."

Não há dúvida. O Brasil ainda não produziu musico mais inspirado nem mais importante que o campineiro. Mas a época de Carlos Gomes passou. Hoje sua música pouco interessa e não corresponde às exigências musicais do dia nem à sensibilidade moderna. Representá-lo ainda seria proclamar o bocejo uma sensação estética. Carlos Gomes é inegavelmente o mais inspirado de todos os nossos músicos. Seu valor histórico, para o Brasil, é e será sempre imenso. Mas ninguém negará que Rameau é uma das mais geniais personalidades da música universal... Sua obra-prima, porém, representada há pouco em Paris, só trouxe desapontamento. Caiu. É que o francês, embora *chauvin*, ainda não proclamou o bocejo sensação estética.

A senhorinha Novaes é uma grandíssima intérprete. Sinto prazer em afirmar essa verdade e prometo, para logo, um estudo carinhoso de sua personalidade. Porém a senhorinha Guiomar Novaes e Carlos Gomes provam quando muito que temos a fortuna de produzir dois talentos musicais extraordinários.

– E a nossa escola, de piano? retrucarão...Não há dúvida. Possuímos nossa escola de piano como, certo, a América do Sul não apresenta outra. Mas não é o progresso implacável do piano, aqui uma das causas do nosso atraso musical? É. Dizer música, em São Paulo, quase significa dizer piano. Qualquer audição de alunos de piano enche salões... Qualquer pianista estrangeiro tem aqui acolhida incondicional...

Mas é quase só. Certo: há na cidade *virtuosi* e professores de canto, violino, harpa etc. de seguro valor. Mas não há o que se poderia chamar a tradição do instrumento. Não há uma continuidade de orientação firme e sadia. E, principalmente, não há alunos. O violinista com estudo de seis anos é raríssimo. O flautista ainda o é mais. No entanto um Figueras, um Mignone, que dignos, cuidadosos mestres!...

Mas qual! há uma fada perniciosa na cidade que a cada infante dá como primeiro presente um piano e como único destino tocar valsas de Chopin!...

"Sou alfa e ômega, primeiro e último, princípio e fim" como no Apocalipse.

E as manifestações mais elevadas da música? E o quarteto e a sinfonia?

São Paulo não conseguiu ainda sustentar uma sociedade de música de câmara. E só agora a sinfonia parece atrair um pouco os pianólatras paulistanos.

Bem haja pois a Sociedade de Concertos Sinfônicos!

E no Rio há tudo isso. Há tradição de violino, de violoncelo, de canto... Com que inveja verificamos há pouco o admirável conjunto de Paulina d'Ambrósio! no Rio ouve-se a sinfonia periodicamente. No Rio há uma educação musical. São Paulo tem apenas uma educação pianística, uma tradição pianística. Necessitamos dum quarteto verdadeiramente ativo. Precisamos proteger a Sociedade de Concertos

Sinfônicos, em tão boa hora inaugurada. Só então, livre do preconceito pianístico, São Paulo será musical.

M. de A.

***

Luzes e refrações

I

No *Messager de S. Paulo* de 8 de abril, o Snr. Henri Mugnier assina um artigo sobre "Modernismo", cheio de bom senso e reflexão. É curioso. Os únicos jornais que publicaram críticas independentes sobre a Semana de Arte Moderna foram o *Fanfulla*, o *Messager de S. Paulo*, o *Deutsche Zeitung*, a *Revista Coloniale*. Artigos assinados por estrangeiros...

Ao doloroso ceticismo, com que o Snr. Mugnier termina seu belo artigo, respondemos: A arte para o artista legítimo é como o ar e o pão: elemento de vida. Querem os passadistas tirar-nos o direito de praticar a arte. Nós lutamos pois pela nossa, como quem luta pela vida. A desesperança é uma conclusão negativa. Não pode haver conclusões negativas numa época de construção.

II

Pelo *Emporium* de fevereiro o passadista Piccoli ataca a arte austríaca moderna. E, mais uma vez, se revolta contra as associações de elogio mútuo... Por quanto tempo ainda se repetirão tolices tais? Há afinidades eletivas.

Seria possível ao Snr. Brecheret preferir a companhia do Snr. Ximenes ao convívio do Snr. Maestrovic? O elogio mútuo, derivado da mútua compreensão, é uma sinceridade orgulhosa e justa. Cada um de nós traz uma Academia Brasileira de Letras no espírito. E as eleições são feitas sem pedidos de voto, nem visitas. São nobres.

III

O Snr. Bauduin escreve em *L'Esprit Nouveau* de fevereiro: "À arte pela arte, derivado dum desprezo transcendente pela humanidade ativa e produtora o novo lirismo opõe a arte pela vida...". O articulista terá razão desde que entenda por "arte pela vida" aquela que tem como base a vida, mas não se preocupa de a reproduzir e sim de tirar dela uma eurritmia de ordem intelectual que a vida não tem, porque é inconsciente.

A sinceridade em arte não consiste em reproduzir, senão em criar. O seu princípio gerador é a "consciência singular", pelo qual um homem é verdadeiramente digno se ser chamado poeta – isto é: criador. Há um século atrás Schleiermacher escrevia: "A poesia não procura a verdade, ou antes, procura uma verdade que nada tem de comum com a verdade objetiva".

IV

Provocados por uma enumeração graciosa de escritores regionais, aparecida na *Revista do Brasil*, vários jornalistas lembraram por suas respectivas folhas uma quantidade fenomenal de nomes esquecidos. *Klaxon* protesta em nome de todos os literatos que ainda desta vez ficaram esquecidos; em nome de todos os habitantes do Estado que sabem ler e escrever, e que uma vez ao menos durante a existência obscura de gênios desconhecidos que levam, mandaram pelo Correio um cartão de boas-festas.

M. de A.

Klaxon n. 2 (15 de junho de 1922)

Guiomar Novaes

I
(*Pianista romântica*)

A grande e jovem escola de piano de São Paulo produziu já duas artistas admiráveis que podemos, sem temor, colocar à mesma altura de qualquer virtuose estrangeiro atual: a senhora Rudge Miller e a senhorinha Guiomar Novaes.

Agradável e fácil seria um paralelo entre ambas. Nada menos trabalhoso do que salientar a antítese violenta que entre elas existe. Uma: caráter severo, tipo clássico, diríamos cerebral; e, por todas essas qualidades dominantes, intérprete exata dos clássicos ou dos pós-românticos. Outra: pianista romântica na mais total significação do termo, vibratibilidade impressionável à mais fina cambiante da sensação.

Infelizmente Antonieta Rudge Miller não pôde continuar como representante das nossas possibilidades artísticas no estrangeiro. Mais infelizmente ainda nem aqui se faz ouvir. Grande pena! A extraordinária intérprete, com a continuação dos seus concertos, seria dum benefício eficaz para o desenvolvimento do espírito musical paulista.

Estamos ainda em pleno romantismo sonoro; e Chopin é o soluçante ideal de todas as nossas pianeiras. A senhora Rudge Miller seria o único mestre possível desse auditório; capaz de impor-lhe Debussy e Ravel – músicos que já representam um passado na Europa e que inda mal são percebidos pela nossa ignara gente.

Guiomar Novaes – certamente maior como genialidade – não preenche essa falta. Artista já universal, não pode imobilizar-se neste polo norte artístico que é o Brasil;

e, caracteristicamente romântica, não representaria com eficácia esse papel de mestre que educa.

Insisto em chamar a senhorinha Novaes de pianista romântica.

Combarieu, procurando na Itália musical os influxos do romantismo alemão, eslavo e francês, salienta a figura de Paganini, a quem denomina: "violinista romântico". Mas, para mim, o que induziu o célebre historiador a essa classificação foi muito mais a lembrança da vida do endiabrado gênio que o espírito de sua obra e os seus meios expressivos. O grande italiano, afinal, nada mais faz do que continuar, no violino, as tradições do bel-canto, já então desnaturado com a decadência da escola napolitana.

Paganini transporta para seu instrumento, exagerando-a porventura (e nisso há realmente romantismo) a virtuosidade suntuosa dos alunos de Caffaro ou de Porpora. O próprio Liszt, moço, com ouvir Paganini, transforma apenas sua técnica pianística. Chopin, e principalmente Berlioz é que darão ao autor de Mazeppa o endereço espiritual do romantismo.

A Guiomar Novaes cabe, com muito mais exatidão, o epíteto de "pianista romântica". Encarna, até mesmo sob o ponto de vista da liberdade às vezes desnorteante com que se observa a si mesma (no Prelúdio, Coral e Fuga, no Carnaval, em Minstrels, em Scarlatt) toda a estesia do romantismo.

Não cabe agora uma explicação em regra do que entendo por romantismo. Palavras elásticas estas: classicismo e romantismo! É meu dever porém explicar por que considero a senhorinha Novaes uma pianista romântica.

Em primeiro lugar: não é necessário provar a decisiva simpatia que ela dedica aos compositores românticos. Chopin, Schumann e Liszt formam o núcleo dos seus programas. Inda mais: nestes músicos a grande intérprete sente-se à vontade. É sempre maravilhosa, sempre perfeita. Já o mesmo não se dá quando executa clássicos ou modernos. Falo dos que são *espiritualmente* modernos. Sem dúvida nestes Guiomar Novaes é sempre interessante. Por mais que uma interpretação sua contraste com o espírito dum autor ou dum trecho, ela interessa sempre, atrai e encanta. Mas não comove nem entusiasma como quando executa a Barcarola ou a Dança dos Duendes. A esse prodígio de graça que é a "Pastoral" de Scarlatti, por exemplo, ela consegue dar um dinamismo perfeito, mas não uma interpretação integral. Falta-lhe o senso do equilíbrio e da medida a que os românticos deram uma elasticidade incompatível com o espírito dançante e protocolar do século XVIII.

O mesmo se dá com o misticismo de César Franck. Guiomar Novaes, estou certo disso, interpretaria genialmente os trechos religiosos de Liszt; mas no "Prelúdio, coral e fuga" não é perfeita. Entre o misticismo do *abade* Liszt e o misticismo de Franck há uma distinção cabal que explica perfeitamente o romantismo da nossa grande artista. Liszt é um religioso dos sentidos. Franck, um católico intelectual. Liszt sofre e reza. Franck pensa e prega. Não creio que por isso se possa dizer que Liszt seja mais *humano*; mas podemos verificar que ele é mais sentimento, ou melhor: mais *sentidos*. A sensibilidade finíssima de Guiomar Novaes, a sua impetuosidade apaixonada levam-na a melhor realizar a mesma impetuosidade, a mesma dor sem *controle* que o misticismo romântico realizou.

E o que digo do misticismo, poderia glosar para todas as demais paixões.

Todos os artistas afinal (excetuados aqueles que, por um preconceito infecundo, procuraram abafar o próprio eu) uns mais discretos, outros mais derramados, todos os artistas expressaram sua sensibilidade e fizeram refletir nas suas obras as circunstâncias passageiras em que existiram Bach, Beethoven, Verdi como Schumann, exprimiram, antes de mais nada, sua *maneira de sentir*. A afinidade de Guiomar Novaes e dos românticos não está em procurarem estes e aquela expressar a sensibilidade que possuem. É mais sutil do que isso. Os românticos, entregues ao delírio de viver *pelos sentidos*, traduziram, mais do que o próprio eu interior, um eu de sentidos, se me poderei assim explicar, um eu livre de *controle*. Vejo neles uma realização toda sensual, toda exterior. Para esses artistas de 1830 o julgamento da inteligência, na criação da obra de arte, realizava-se tão somente sob o ponto de vista da beleza formal.

A senhorinha Novaes apresenta, quer interprete Scarlatti, quer Rachmaninoff, as mesmas tendências românticas que acima demonstrei. E, embora admirável num estudo de Scriabine, embora atraente numa fuga de Bach, é sempre em Schumann, Liszt e especialmente Chopin que atinge sua maior força de expressão. Foi por isso que, antes de mais pormenorizadamente estuda-la como intérprete e virtuose (o que farei num segundo artigo) insisti em proclamar a senhorinha Guiomar Novaes uma pianista romântica.

Mario de Andrade

Klaxon n. 3 (15 de julho de 1922)

Guiomar Novaes

II

(A virtuose)

A snha. Guiomar Novaes não é perfeita como técnica. Aliás, acredito que a perfeição não seja deste mundo… Além disso: Friedmann, por exemplo, duma habilidade técnica fenomenal, como intérprete era inferior: Deslumbrou os tolos dos paulistas por atacar um estudo de Chopin numa velocidade de 300 quilômetros por hora. Não reparam que essa correria não só contrariava o andamento relativo ao *pathos* do trecho, como não permitia ao executor a realização dinâmica necessária... Muito brilho, exatidão de máquina; pouca vibratilidade, às vezes mesmo falta de compreensão. Friedmann gostava do aplauso público, e constantemente malabaristava.

Admiro os malabaristas. Mas o malabarista de circo: ágil, belo de formas. Neste há uma coragem convencida, proveniente da consciência da força. Num salto de trapézio, a 12 metros da altura, vejo o sorriso irônico dum ser que pensa. O malabarista é atraente, não porque se ria da monte, mas porque sabe o que pode fazer e tem confiança nos seus músculos. Nunca ultrapassa as possibilidades de seus membros. Jamais prejudica a beleza dum salto pela vaidade de ir além dos outros. Friedmann, lançando seus dedos numa rapidez de luz, não é um corajoso: é um temerário, um sentimental que abandona a inteligência e a crítica, esquece-se da vida da obra, para satisfazer uma vaidade, Ruim vaidade.

A snha. Novaes não possui essa habilidade: é muito mais musical porém. E é possível que essa menor habilidade tenha influído na sua arte; pois creio ver na pianista (mais uma característica romântica) uma predileção pelo efeito. A prova está em certas peças, que lhe vão maravilhosamente para os dedos, e que repete incansavelmente em seus concertos. Não lembrarei o Hino Nacional porque tenho certeza que esse fogo de artifício de festa do Divino repugna a consciência artística da grande virtuose. É a estupidez patriótica de parte do seu auditório que a obriga a repetir ainda e cada vez pior (justifico calorosamente essa decadência) a famigerada pirotecnia.

Quando porém disse que a snha. Novaes não tem técnica perfeita, não quis de modo algum adiantar que esta fosse insuficiente. Oh, não! Falta-lhe força, falta-lhe muitas vezes nitidez... Em compensação que elasticidade, que firmeza, que qualidade de som! Não terá o perolado de Viana da Morta, nem o planíssimo de Risler; mas que pedalização exata, que cantante!

Mas a técnica é coisa de pouco interesse sob o ponto de vista crítico. Ter ou não ter técnica é questão de trabalho, questão de professor e dotes físicos pessoais. Tudo o que faz lembrar cozinha do ofício contraria a comoção do ouvinte. A técnica é um melo que importa ao executante adquirir, mas indiferente para o espectador.

A snha. Novaes possui uma técnica mais que suficiente. Se não tem o forte relativo necessário para os largos ambientes, consegue todavia ascensões dinâmicas impressionantes e é extraordinária nas notas ásperas (1° tempo, op. 35, Chopin). Se nas passagens excessivamente harmonizadas é por vezes confusa, consegue como ninguém as sextas da Barcarola, as oitavas da Jongleuse.

Verificada pois a abastança técnica da ilustre pianista, considero-a imediatamente como intérprete.

Como tal dois aspectos especiais apresenta: a transborda em excessos sentimentais. Não transborda em excessos, sentimentais. Não aponto defeitos. Verifico tendências. Uma tendência pode não ser atual, isso não implica ser defeituosa.

A snha. Novaes ou é duma fantasia adorável ou duma sensibilidade sem peias. O que não lhe vai bem para o temperamento é a discrição comovida mas serena dos clássicos e o impressionismo intelectual dos modernistas. (E para o Brasil Debussy ainda é um modernista, helas!). Nestes como naqueles, não encontrando campo largo para sua sensibilidade exaltada, encara-os como se fosse cada qual um outro Liszt de rapsódias em que tudo está em procurar o efeito. É engano. Inegável: interpreta primorosamente certos trechos de Bach ou a *Soirée dans grenade*. Mas estas obras não saem *vividas* dos seus dedos. São pretextos para efeito e não padrões em que se limite uma sensibilidade conduzida por uma altíssima sabedoria. A ironia de "Minsrels" então passou-lhe despercebida... E a snha. Novaes que tanto se sensibilizara com a caçoada feita a Chopin no primeiro Sarau da Semana de Arte Moderna não deveria incluir num dos seus programas a caricatura, feita por Debussy, desses ingênuos menestréis medievais, cujo cantar trovadoresco é o primeiro vagido dá música sensível.

Os românticos legítimos, nascidos no decênio que vai de 1803 a 1813, apresentam duas tendências que se tornaram as características inconfundíveis do grupo: a fantasia exaltada e a sensibilidade sem controle intelectual. Será pois o maior intérprete desses mestres quem melhormente caracterizar-lhes essas duas tendências. A snha. Novaes tendo, num máximo impressionante, esse poder é, a meu ver, de todos os pianistas que ouvi, a melhor intérprete do romantismo musical.

Chopin, Schumann e Liszt eis o campo em que é excelsa.

O próprio Liszt, cujo valor musical é pequeno, consegue ser ouvido com agrado quando ela o executa. É que a virtuose percebeu a inexistência às vezes total de sentimento no qualquerismo sonoro do abade, mas compreendeu-lhe a imensa fantasia. Só mesmo a snha. Novaes ainda tem direito de executar essas gastas rapsódias onde uma falsa saudade se espevita mascarada (é ler o que diz Bartok sobre os temas nacionais húngaros *corretos* e *aumentados* por Liszt) entre histerismos de cadências flautísticas, trinados, tiros insultantes no grave e outras coisas de inda menor valia. A 10ª Rapsódia é rojão que só tem direito de existir quando a célebre virtuose se incumbe de lhe realizar os glissandos. Mas onde a fantasia da intérprete permite-lhe uma legítima e total criação é na Dança dos Duendes. Eu vi os elfos saírem em girândolas esverdinhadas do negro Steinway. Formaram em torno da pianista uma ronda vertiginosa em que posou, furtivo, um raio de luar... Sempre desejara conhecer esses elfos pequeninos... Aconselharam-me a leitura de Leconte... Saí da lição como Jacobus Tournebroche da experiência do Senhor D'Astarac, contada por Anatólio France: incrédulo como entrara. Um dia, ao ler Shakespeare, sentira duendes em redor de mim... Mas quando a snha. Novaes executou o trecho de Liszt eu vi os entezinhos translúcidos. A ilustre pianista, pelo poder de sua fantasia, criara o inexistente. Devo-lhe esta comoção linda de minha vida.

No "Carnaval" reúnem-se em igual potência a fantasia e a sensibilidade. Considero esse monumento o trecho mais descabeladamente romântico da música. Infelizmente não me foi possível assistir ao recente concerto em que a snha Novaes tornou a executar a op. 9. E, dada a variação constante de suas interpretações (outra característica romântica), causou-me verdadeira dor essa privação. Mas me é inesquecível a execução anterior do "Carnaval"... A snha. Novais partia para os Estados Unidos. Concerto de despedida. Eu estava no galinheiro. Suava, ensardinhado numa comparsaria boquiaberta, eterna e incondicionalmente entusiasmada ante qualquer interpretação, boa ou má, que saísse das mãos da grande artista. Sensação de mal-estar e desprezo. Mas Guiomar sacudira os ritmos iniciais da peça com uma energia, uma convicção, uma *verdade* inexcedíveis... O que ri! O que ouvi! A virtuose, sob o ponto de vista escolar, dava-nos a interpretação mais falsa, mais exagerada possível. Que rubatos frenéticos! Que planíssimos espasmódicos! Que dinamismos fraseológicos estranhos! Mas foi simplesmente sublime. Acredito que duas vezes não terei com essa peça a mesma comoção. Eu deposito na glória da snha. Novaes a lágrima que nessa noite chorei. É o presente dum homem que não tem pela intérprete nem simpatia, nem antipatia. Um homem insensível à glória que a acompanha. Um homem isento de patriotadas que não se orgulha da snha. Novaes ser brasileira porque considera os grandes artistas, quer criadores, quer intérpretes, seres de que não importa conhecer a nacionalidade, mas aos quais todos nos humanos, devemos ser reconhecidos. Na minha lágrima vai a homenagem dum ser, não sem preconceitos (é coisa extra-humana) mas o mais livre possível de prejuízos sentimentais.

Realizara pois o "Carnaval" o mais romanticamente que é dado imaginar-se... Haverá nisso um erro? Não. É costume de criticalhos repetir o seguinte lugar-comum, com mais deficiência de estilo porém: "O Snr. Tal interpretou Chopin sem os exageros a que nos acostumaram certos pianistas de importação. A sua execução sóbria deu-nos o verdadeiro Chopin... etc." Que estupidez! Qual o verdadeiro Chopin? Se é o que a tradição nos conservou dum homem que em Viena foi apelidado "pianista de mulheres", que tinha terrores e alucinações junto da materna amante em Maiorca, que morreu tísico... Dum homem que espantou, pela sua liberdade interpretativa, ao próprio Berlioz... Qual o verdadeiro Schumann? Se o que a tradição nos conta como um ser fantástico, vário, desigual, arrebatando a mão por exagero de estudo, escrevendo peças noturnas porque sente, de longe, que um ser querido lhe morre, Carnavais e Kreislerianas por excessos de entusiasmo e de ódio e acaba louco... Pois a legítima compreensão desses homens estará em *corrigi-los* e transportá-los para a serenidade clássica que não tiveram a energia a serenidade clássica que não dito está a exatidão das interpretações da snha. Novaes. Dá-nos Schumann, Chopin, não encurralados numa certa fôrma interpretativa, nem mesmo como existiram no espaço e no tempo... Vai mais além: Dá-nos o "animal" Schumann o "animal" Chopin como teriam existido (realidades ideais) se não houvessem essas famosas circunstâncias que Taine fez a tolice de descobrir, e mais preconceitos de métricas musicais e rés-maiores.

E a respeito de Chopin... Outro lugar-comum engraçadíssimo dos críticos consiste em dizer, a cada novo pianista que pisa estas abençoadas e ignaras plagas de Pauliceia, que esse é o insigne intérprete de Chopin. Nada mais errado. Rubinstein, a não ser na valsa póstuma, numa ou noutra mazurca, assassinava o polaco. Talvez questão de ódio de raça... Risler? Ruinzinho, bem ruinzinho mesmo. Ainda me lembro com arrepios da execução do noturno em fá sustenido... Friedmann compreendia Chopin como uma cadência de concerto, em que tudo consistia em brilhar... Só me satisfizeram no romântico: Paderewski, a snra. Carreras e a snha. Novaes.

E esta mais que nenhum outro. Por quê? Chopin, sabemos, trabalhava como um La Fontaine, um Da Vinci, um Beethoven da última fase. Sempre incontentado e incansável no corgir. No entanto: nada mais desnorteante que o estilo de Chopin. Baladas como Berceuse ou Barcarola, noturnos como sonatas, prelúdios como estudos apresentam um caráter de inteira improvisação, em que, no entanto, o mestre deixou qualquer coisa de seu, inconfundível, mesmo sob o ponto de vista da construção. A forma de Chopin é inatingível. Imitam-se-lhe certos processos técnicos, o arpejado, os melismas. Toda gente pode ser livre no desenvolvimento construtivo dum prelúdio, como Chopin o foi… Mas ninguém consegue imitá-lo, tal o cunho de personalidade que imprimiu às formas musicais de que se apossou. A snha. Novaes é justamente notável no autor da Berceuse porque *cria* Chopin. Ela é Chopin. Suas interpretações, acredito que cuidadosamente preparadas, assumem um tal caráter de inspiração, de impulsão lírica, de *laissez-aller*, que se tem a impressão duma obra nova, formidável. Como que improvisa Chopin. E o faz como nenhum outro intérprete que tenha passado por nós. Ora, na música imitativa (empregado o termo no sentido aristotélico) essa improvisação é, não só necessária, mas imprescindível para que a obra de arte corresponda psicologicamente ao que pretende representar. Daí assumirem as interpretações de Chopin pela snha. Novaes essa força de realidade, essa veemência comotiva poucas vezes por outrem atingida. E é tão integral a sua compreensão do mestre que, sendo geralmente rebuscadora de efeitos particulares (indo às vezes mesmo a mudar a música escrita, alongando notas, contrariando interpretações determinadas pelo autor) a snha. Novaes desdenha, ao executar Chopin, particularidades e efeitos que boquiabram seus adoradores, para atacar diretamente a realização de conjunto desses recontos musicais que o doloroso músico deixou. Por isso escrevi atrás que "a snha. Novaes cria Chopin".

E termino. Sigo com admiração e curiosidade a carreira da grande artista. À medida que suas forças se concentram ela se torna mais profunda e mais pessoal. Varia e cresce de concerto para concerto. Talvez seja mesmo uma certa ânsia de fazer melhor que a leve a repetir e repetir as mesmas peças. É um erro. A snha. Novaes, mesmo no círculo de seus autores preferidos, podia, devia variar mais seus programas.

E na linda evolução que segue acendra cada vez mais as propensões românticas que apontei. Infelizmente para a opinião Klaxista… Mas é verdade que por elas se tornou a intérprete genial de Schumann e de Chopin.

Mario de Andrade

***

O homenzinho que não pensou

Pela revista *O Mundo Literário* um P anônimo da redação desesperadamente carioquiza para provar que *Klaxon* é passadista.

Leu e não compreendeu; não pensou e escreveu.

Provas: "Mau grado os seus ares de modernismo extremo *Klaxon* mostra-se em matéria de arte francamente conservadora, reacionária mesmo".

Escrevêramos: "*Klaxon* não se preocupará de ser *novo*, mas de ser *atual*. Essa é a grande lei da novidade. Terá também o desplante de negar atualidade a *Klaxon* o homenzinho que não pensou?

Ainda: "A apresentação é uma repetição sintética do manifesto futurista de Marinetti, cousa que já vem criando bolor, há não menos de quinze anos…". É mentira. O anônimo está na obrigação de publicar na sua revista o manifesto de 1909 e a nossa apresentação. Provará assim o seu asserto. Se o não fizer, afirmo que é covarde, pois não concede a *Klaxon* as armas que reclama para se defender.

Dos 11 parágrafos que formam o manifesto futurista, não aceitamos na totalidade senão o 5º e o 6º. *Klaxon* não canta "*l'amor del pericolo*" porque considera a temeridade um sentimentalismo. Não considera "*il coraggio, l'audacia, la rebellione*" elementos essenciais da poesia. Não acha que até hoje a literatura "*esaltó l'immobilitá pensosa, l'estasi e il sonn*o", porque a própria dor como elemento estético não é nada disso.

Klaxon admira a beleza transitória tal como foi realizada em todas as épocas e em todos os países, e sabe que não é só "*nella lotta*" que existe beleza.

Em formidável maioria os escritores de *Klaxon* são espiritualistas. Eu sou católico. Poderíamos pois aceitar o 8º parágrafo do manifesto futurista?

Pelo 9º glorificar-se-á, além do patriotismo, o militarismo e a guerra. Não o faríamos.

No 10º manda Marinetti que se destruam museus e bibliotecas. Consideramos apenas a reconstrução de obras que o tempo destrói "uma erronia sentimental". Respeitamos o passado sem o qual *Klaxon* não seria *Klaxon*.

Além dos temas indicados (e subentendidos) no derradeiro mandamento futurista vemos muitos outros. Não desprezamos a mulher e cantamos o amor. E Guilherme de Almeida, de maneira nova, num estilo afeiçoado ao assunto reviveu a Grécia, num momento de inspiração tão lindo como jamais nenhum dos anônimos do *Mundo Literário* possuirá.

E saiba o pagão que não é preciso ser futurista para ser patriota.

E saiba mais que admiramos Veneza pelo que foi, e que resta de passado, pois, além "dos cicerones loquazes, da água suja e dos mosquitos aguilhoantes" há lá um palácio Vendramini, há lá quadros de Ticiano e Tintoretto e outras manifestações de gênios imortais.

E se em outras coisas aceitamos o manifesto futurista, não é para segui-lo, mas por compreender o espírito de modernidade universal.

Quando ia pelo meio das névoas, começou a hesitar o homenzinho que não pensou. Do tremor proveio ver na extirpação das glândulas lacrimais reminiscência do "velho Richepin" e no estilo do "grave artigo de fundo Snr. M. de A." semelhanças com a dicção de certa personagem de Dickens.

O anônimo será outra vez covarde se não citar na sua revista o conhecidíssimo trecho de Richepin (que naturalmente os leitores do *Mundo Literário* desconhecerão) e a frase de *Klaxon*. Mas não citar capciosamente como lhe ordenariam as tendências naturais, mas com sinceridade e nobreza: na íntegra. Veriam os leitores da grande (cento e tantas páginas) revista como aproveitamos "a boutade sobre as glândulas lacrimais".

Quanto ao meu estilo: pertence-me. Prova? Diz Colombo: "artigo de fundo do Snr. M. de A.". Ora nos poucos exemplares que ainda restam de *Klaxon* nº 1, procurei minha assinatura nesse artigo. Só encontrei o seguinte e modesto aviso: A Redação. Mas o estilo de M. de A. da "Pianolatria" e "Luzes e refrações" pôde ser identificado pelo adversário com o artigo de fundo. Mas o tão anônimo quanto falso articulista conhece o Ivan Goll do manifesto Zenith? Conhece Cocteau de *Le Coq et l'Arlequin*? Satie dos *Cahiers d'un mammifère*? e outros tantos "sujeitos de importância em virtude e letras" modernas? Se os conhecera veria em meu estilo uma adaptação literária da rapidez vital contemporânea. Pois saiba que plagio manifestamente o telégrafo, o telefone, o jornal, o cinema e o aeroplano.

E na verdade o homenzinho que não pensou é de uma fineza única em julgar estilos. No Snr. Baudouin vê Samain. Em Samain vê Musset e (!!!) Tibullo. Como técnica saiba o sem-batismo que Carlos Baudouin é construtor de métrica própria muito curiosa. Samain uniu às vezes metros conhecidos, isso mesmo com muito menos coragem e valor que La Fontaine. É preciso que o nobre articulista de hoje em diante não confunda suavidade com penumbrismo. E se conhecera certos franceses contemporâneos, Duhamel, Romains e especialmente Vildrac (encontrei edições numeradas de Vildrac e Romains jogadas por inúteis em baixo de uma mesa em livraria carioca!), a eles irmanaria com mais eloquência e talvez menos fineza crítica o nosso colaborador Carlos Baudouin. No desenho de Brecheret o catecúmeno vê influência fenícia! É enorme! A Fenícia não teve propriamente uma arte. Copiou assírios, egípcios e gregos. Quando não imitava ainda esculpia as pífias figurinhas do museu Cagliari. Talvez também tenha qualificado de fenício o desenho para dar melhor quilate a ironia. Infelizmente sai-lhe deficiente a clareza da graça e o espírito assemelhou-se à ignorância. E saiba ainda o fino descobridor de estilos que os verdadeiros escultores modernistas, quando não afastados totalmente da natureza imitam resolutamente os primitivos para neles encontrar a resolução dos problemas que ora agitam o trabalho do volume. Assim Bourdelle (francês) assim Milles (sueco) assim Destovich (tcheco) assim Durrio (espanhol).

E termina o agora batizado homenzinho que não pensou: "*Klaxon*" representa exatamente aquilo que tanto horroriza os seus talentosos criadores: um "passadismo". Ao contrário do que asseverava o senhor M. de A., *Klaxon* não é klaxista: é classicista... Lindo trocadilho! E o articulista tomou o cuidado de despargir pela verrina algumas doçuras de elogio. Infelizmente a minha sinceridade não me permite retribuí-las pelo artigo. Vejo no neocristão um homem despeitado, invejoso, insincero e ruim. Quando multo reconhecerei no arguto quão erudito crítico silencia bastante para descobrir influências norte-americanas nas gravuras de Utamaro ou de Shuntai.

Quanto ao nosso "passadismo" é cotejar a apresentação de *Klaxon* com a apresentação do *Mundo Literário*: "A toi-qui que tu sois" com o soneto "Sabiás", "As visões de Criton" com o "Vendedor de pássaros", "Sobre a saudade" com "Aparição", "Pianolatria" com "Música", "Les tendences actuelles de la peinture" com "A propósito de uma gravura" (inéditos maus de bons escritores já mortos)...

E *Klaxon* inicia a crítica de arte periódica do Cinema. O *Mundo Literário* desconhece *O garoto*, em que Carlito alcança uma altura a que só os grandes alcançaram...

Este é o passadismo de *Klaxon*: coisas boas ou más que ainda não perturbaram a sonolência "leda e cega" do Brasil.

Este artigo está mais longo que a *Rasteira em trevas*, filme italiano por Za-la-Mort... É que nele vai a resposta a todos aqueles que pelo jornal ou no segredo nem sempre honesto das orelhas amigas vivem a entoar contra nos madrigais, sirvantes e sátiras de maldizer. Se não: fora dar demasiada importância às invejas ativas dum homenzinho que não pensou.

Mario de Andrade

***

Livros & Revistas

Casa do pavor por M. Deabreu – Monteiro Lobato & Cia., editores – S. Paulo.

Curioso escritor que surge. Fantasia estranha. Imaginativa riquíssima. O Snr. Deabreu continua a poética além-tumulista do séc. XIX. Choca um pouco nesta época de noções exatas. Isso não impede que o autor tenha muito talento. "Sombra de minha mãe" é de grande poder sugestivo. Horroriza. "Os 3 círios do Triângulo da Morte" é um trabalho magnífico.

Como língua: Há descuidos lamentáveis. Aquela "Nota" do fim... nem um jornalista redigiria tão mal. Mas como em todas as páginas pululam expressões invulgares, adjetivos prestigiosos, não tenho dúvida em afirmar que o estreante será breve um estilista.

O Snr. Deabreu não quer que Deus exista. Tem mesmo uma raiva infantil da Divindade. Até escreve Deus com d pequeno! E, passeando pelas suas personagens, a todo momento afirma a inexistência do Criador. Processo de criança. – Mamãe, quero mais um chocolate... – Acabou, meu filho. – Mas eu quero! e bate o pezinho no chão. O Snr. Deabreu *sente*, *sabe* que Deus existe. Mas Deus é uma coisa cacete. Implica certos deveres, obrigações ou remorsos... Se não existisse. Oh! liberdade gostosa!... Por isso o escritor bate o pezinho pelas páginas da *Casa do pavor*. – Mas eu quero mais um chocolate!... É inútil, Snr., Deabreu. O chocolate acabou e Deus existe.

M. de A.

***

Uma viagem movimentada por Théo-Filho. –
Livraria Schettino, 1922.

Théo-Filho, por qualquer assunto que palmilhe seu espírito irrequieto, tem o dom de encantar. Leem-se duma assentada as 300 páginas do seu novo livro. *Uma viagem movimentada* são recordações finas e leves, rapidamente coloridas de comoção às vezes, de ironia frequentemente. Na maioria das vezes Théo-Filho borboleteia apenas sobre as flores humanas que depara, raro lhes suga o mel e o amargor e lhes penetra o âmago. Nem esse era o seu fim. Quis contar e contou, em linguagem largada mas expressiva. Mas sabe desenhar forte quando quer. A impagável figura de poeta Josephus Albanus o prova suficientemente.

M. de A.

Klaxon n. 4 (15 de agosto de 1922)

SÃO PEDRO

Véspera de São Pedro...
Inda se usa fogueira na fazenda!
.....rojões, traques danças ao longe...

A Hupmobile na garagem...
Dentro dum mês, grande inauguração da máquina de
     beneficiar café, movida a eletricidade.
Comp. Força e Luz
de Jaú
Matão
Brevemente telefônio
Comfort
Comfortably
Iluminação a giorno...
Só falta um galicismo! ...

A caieira cantarola...
E aos pinchos
     labaredas
     a cainçalha das labaredas
        rápidas
        múltiplas
levadas pelo vento vertical...
Explode a fogueira
     fagulhas no espaço
     velozes
     milhares
espuma de fogo
baralhando-se com as estrelas...

Curioso!
Não há Dona Marocas
nem vestidos de cassa
nem outros assuntos poéticos nacionais...

É a noite papal de São Pedro
Faz um frio silencioso
Umas crianças
                    traques
                    saltos
                    gargalhadas
derramando reflexos vermelhos
pelos braços, olhos, lábios, pernas, cabelos selvagens

Encravadas na escuridão
as estrelas internacionais

O verso-livre milagroso da Via-Láctea

Um mugido assustado na várzea

Mais nada.

O FOGO RUDIMENTAR.

Mario de Andrade.

***

Livros & Revistas

Despertar – Hermes Fontes. Edic. Jacinto Ribeiro – Rio 1922

O grande poeta satírico brasileiro (o maior poeta vivo do Brasil na pesada opinião do Snr. João Ribeiro) Hermes

Fontes publica mais um volume de sátiras: *Despertar*. Desde *Apoteoses* que o ilustre sergipano, seguindo a traça que a si mesmo se impôs, vem com as suas impiedosas sátiras, provando sobejamente quanto a rima e os ideais parnasianos envelheceram e não se prestam mais para notar liricamente os nossos dias. Cremos todavia que já é tempo do célebre vate escrever os versos líricos que de seu estro é licito esperar. Mas não há dúvida que *Despertar* representa o cúmulo da perfeição satírica. Nunca jamais se conseguiu apresentar a rima em tanta ridiculez. Nunca jamais se conseguiu provar como é cômico equiparar as coisas comuns com as nobres e adormecidas coisas do passado. Desfilam, impiedosamente, trôpegas e senis, todas as personagens da mitologia e da ficção. É admirável de comicidade. O Snr. João Ribeiro tem razão. Hermes Fontes é superior a Gregório de Mattos a Bastos Tigre. Um exemplo. Eis como o Snr. Hermes Fontes nos representa Pery:

> Rude. Apollo sem lyra, Orpheu bisonho
> Hercules virgem, Tantalo risonho...

Mais adiante Pery "é um fakir... e é um titan!"

> Filhos de Zeus, que thorax apollineo!
> E que excelso caracter, rectilineo,
> O' Budha, nesse coração virgineo
> que ama, e espera Tupan!

Mais adiante ainda o poeta compara Pery a Prometheu...

> Castro Alves é também
> "Orpheu – Vulcano, Prometheu – Adonis!"
> O caipira é "Attila rústico! Hercules-Quasímodo!"...
> Moema é "Virginal Dido-Elissa" e
> "Pobre Ophelia aborígene!"
> Mas Caramuru é Eneas

Levado talvez pela perniciosa influência dos "futuristas" de São Paulo, o Snr. Hermes Fontes deu para escrever imagens exageradas. Aconselhamos o maior poeta vivo do Brasil a que se liberte de má companhia. Os futuristas de São Paulo são uns moços sem ideal, mais do domínio da patologia, que por serem ignaros e burros, tornaram-se cabotinos; e, seguindo as teorias de Marinetti (coisa que já vem criando bolor há 13 anos) imitam e copiam, no doido afã de se tornarem célebres. Coitados! O renome de escândalo que alcançaram apodrecerá mais cedo ainda que os membros doentes desses copiadores. Tome cuidado o famoso Apollo-Victor Hugo-Lamartine-Leopardi-Dante-Casimiro de Abreu, não imite os futuristas de São Paulo e não escreva mais assim:

> Cantor das harmonias retumbantes!
> Cavaste um thorax fundo em cada abismo
> e plantaste os pulmões de cem gigantes,

nem assim:

> – beijo da terra-firme ao volúvel Oceano
> dado à boca da América impaciente,
> como a tragar o cacho de uvas das Antilhas

Mas onde realmente o exagero é enorme e não se tolera é quando diz que o caipira:

> ama o cavalo, que o conduz ainda,
> – seu verdadeiro irmão irracional…

É forte! É demais! Insultar o cavalo – animal nobre, ardente, viril – irmanando-o ao caipira! Não se tolera! É futurismo de que desejaríamos ver escoimada a obra satírica do Snr. Hermes Fontes, o maior poeta brasileiro vivo, no dizer do seu amigo e conterrâneo Snr. João Ribeiro.

M. A.

Klaxon n. 5 (15 de setembro de 1922)

Livros & Revistas

Affonso Arinos, por Tristão de Athayde. – Anuário do Brasil – Rio 1922.

Disseram de Latino Coelho que era um estilo à procura dum assunto... Parece-me esta urna característica flagrante da literatura contemporânea brasileira. Com menos estilo porém. Nestes últimos tempos tem sido grande a cópia de livros em que, necessitados de exprimir seus pensamentos ou dar largas à fogosidade alexandrina, pensadores e poetas brasileiros retomam assuntos velhos, velhos temas em que enxergam pensamento, estilo e métrica. Sentem a necessidade de pensar, de poetar; mas pensar sobre quê? Poetar sobre quê? Parece então faltar-lhes aquele movimento lírico inicial que conduz às criações originais. (Mais ou menos originais, pois que tudo se repete, em evolução). Assim temos alexandrinos sobre "Fausto e Ahasverus", "Dom João", "Fausto e Dom João" e o Snr. Martins Fontes ainda escreve uma arlequinada para provar que estuda com aplicação o dicionário. Entre os pensadores os melhores livros aparecidos nestes últimos tempos também não possuem esse assunto original. (Uma ou outra ideia fará exceção). Não pensam sobre uma ideia, sobre uma abstração mais ou menos pessoal, pensam sobre uma obra, um autor que lhes faculte o nascimento de ideias. E talvez esta fase do pensamento nacional se desenhe um dia como eminentemente crítica, mas não criadora.

A essa série de obras críticas incorpora-se agora o *Affonso Arinos* do Snr. Tristão de Athayde. E este autor além de se comparar a Latino por ser um estudo a procura dum assunto, (diga-se de passagem: comparação a que não empresto o mínimo sentido pejorativo), ainda se equipara ao clássico pelo estilo. Tem de Latino aquele verbalismo sonoro e comedido, aquele brilho, a mesma cadência, a mesma equilibrada e metódica frase. Apesar do nenhum aspecto de atualidade que tal direção apresenta, encanta sensualmente o ouvido: sonora, musical e serena.

Nesse estilo o Snr. Tristão de Athayde estuda com perfeição a figura de Affonso Arinos. Livro ditado pela saudade e pelo amor era de temer que o autor se desmanchasse em elogios exagerados e hinários de quase religião. Mas o estilista é daqueles poucos que sabem amar sem que isto lhes cerceie a faculdade crítica. E escreveu assim um livro de fina observação, de justo elogio, onde o erudito se entremostra apenas, sem vaidade, mas seguro de si. Um pouco especiosa talvez aquela subdivisão da literatura nacionalista em: das cidades, das praias, dos campos, das selva, da roça... mas isso não prejudica absolutamente a verdade da crítica. É um livro exato e bom, com um prefácio de admiráveis consideráveis sobre a crítica de hoje.

M. de A.

***

Le Miracle de vivre - Charles Baudouin - Edição "Lumière", Bélgica - 1922.

O Snr. Carlos Baudouin envia-nos de Antuérpia seus últimos poemas: *Le Miracle de vivre*. É mais uma obra admirável do poeta. Espírito contemplativo e sobremaneira delicado, o Snr. Baudouin não se voltou ainda resolutamente para a realidade contemporânea da vida. Os seus temas, embora tristonhos quase sempre, ásperos às vezes, respiram sempre a suavidade um pouco cética, duma alma que vê da vida apenas aspectos gerais, filosóficos, e ainda vê esses mesmos aspectos pela reprodução deles nela e não diretamente na realidade tangível. Os poemas do Snr. Baudouin saem-lhe, como esses quadros da Renascença italiana; pinturas de atelier, mas ordenações muito perfeitas, onde impera uma rara compreensão arquitetônica. O Snr. Baudouin tem o senso da ordem; seus poemas são construções perfeitas, em que se desenrola como que uma vida marginal, não vibrante, ridícula e descortês como a real, mas grave, serena, e levemente piedosa.

E, tratando embora eternos temas, é de ver-se como o poeta se renova, pela imagem imprevista e sugestiva, sempre comedida e sem exageros:

> *des vagues d'humanité, messages des antipodes; écrasent*
> *à nos rives leurs deflagrantes décharges…;*
> *sur mon front, encore endolori de mon sommeil brassé*
> *de bruit glissaient les clairs doigts de glace de l'aube…*

E fica-se, ao sair do livro, com os olhos mais largos, a ver invisíveis doçuras. Desejaríamos porém que o Snr. Baudouin seguisse mais o conselho que dá, ao terminar o livro:

> *O toi qui vas, les yeux et la tête baissés*
> ....
> *de grace, lève la tête, ouvre les yeux – aux choses!*
> ....
> ....
> *Ouvre ta chair, ouvre ton âme, ouvre-toi tout:*
> *le Monde est là!*

Readquiriria então essa força, essa realidade cômica, dolorosamente cômica que apenas passa nos seus versos como a lua que

> *descend les escaliers du ciel, grosse de clameur, mais*

silencieuse.

Além de poeta suavíssimo, o Snr. Baudouin é um artista. Totalmente livre de preconceitos, utiliza-se da rima apenas quando esta lhe surge natural à boca da pena. Usa principalmente assonâncias admiráveis. Eis dos exemplos, ao acaso:

> *Une nuit de la fin l'été, une nuit tiéde encore septembre,*
> *avec sa vie infiniment en flamme de veilleuse qui tremble.*
> *Les faibles étoiles opalines, ces menus cœurs muets qui*
> *battent,*
> *la patience blonde des lampes de la grande ville là-bas...*

> *Et je sais que malgré le gout amer et âcre*
> *qu'incruste dans ma bouche le pain noir de la peine*
> *quand-même, mon Dieu, quand-même*
> *la vie miraculeuse autour de moi – déflagre.*

A rítmica do autor do *Miracle de vivre* é curiosa, duma cadência embaladora, muito própria para a índole fina e levemente romântica (no bom sentido) do poeta. E como por outro lado, o apuro do dizer, inédito, mas contido, dá-lhe características clássicas, o Snr. Baudouin ultrapassa o âmbito das escolas, para colocar-se no país mais largo e sem limites da Poesia. Não será possível encontrar no livro o mais leve impressionismo. É caracteristicamente um construtor, e por isso um dos mais legítimos poetas de nossa era. E ainda, para livrá-lo do impressionismo, tem a propensão para o diálogo, para a monologação, para a resposta sem pergunta que o tornam eminentemente dramático e teatral. Já disso era prova sobeja o seu drama *Ecce Homo*, que, se não fora a estranha similitude de Madalena com a Kundri de Wagner, seria uma obra integral.

A edição do *Miracle de vivre*, como todas as editores de "Lumière", é magnífica. Confessaremos no entanto que as xilógrafos do Snr. Joris Minne soam, singularmente chocantes, como um trombone que entrasse em fortíssimo, no quarteto de cordas dos versos. O Snr. Joris Minne, como comentador que era do poeta, não devia assim sobrepor ostensivamente a sua personalidade inquieta e tumultuosa à personalidade regrada e calma do poeta. O desenhista é inegavelmente um artista; mas como temperamento vibrante e másculo, demasiadamente moderno e simultâneo, não soube dobrar-se ao papel de comentador; e tem-se a impressão, se nos permitirem uma comparação psicológica, que as ilustrações são a sensação e os versos a imagem conservada, sintética mas enfraquecida. Assim o livro, considerado como obra de arte, saiu desigual. Cremos porém que com isso os versos do Snr. Baudouin nada perderam. Ao contrário: mais se evidenciou assim o seu milagre de viver uma existência à parte, que desliza entre piedade e paz.

Mario de Andrade

***

Cinema

O garoto por Charlie Chaplin é bem uma das obras-primas mais completas da modernidade para que sobre ele insista mais uma vez a irrequieta petulância de *Klaxon*. Celina Arnauld, pelo último número fora de série da *Action*, comentando o filme com bastante clarividência, denuncia-lhe dois senões: o sonho e a anedota da mulher abandonada que por sua vez abandona o filho. Talvez haja alguma razão no segundo defeito apontado. Efetivamente o caso cheira um pouco a subliteratura. O que nos indignou foi a poetisa de *Point de mire* criticar o sonho de Carlito. Eis como o percebe: "Mas Carlito poeta sonha mal. O sonho objetivado no filme choca como alguns versos de Casimiro Delavigne intercaladas às *Illuminations* de Rimbaud. Em vez de anjos alados e barrocos, deveria simplesmente mostrar-nos *pierrots* enfarinhados ou ainda outra cousa e seu filme conservar-se-ia puro. Mas quantos poemas ruins têm os maiores poetas!".

Felizmente não se trata d'um mau poema. O sonho é justo uma das páginas mais formidáveis de *O garoto*. Vejamos: Carlito é o maltrapilho e o ridículo. Mas tem pretensões ao amor e à elegância. Tem uma instrução (seria melhor dizer conhecimentos) superficial ou o que é pior desordenada, feita de retalhos, colhidos aqui e além nas correrias de aventura.

É profundamente egoísta como geralmente o são os pobres, mas pelo convívio diurno na desgraça chega a amar o garoto como a filho. Além disso já demonstrara suficientemente no correr da vida uma religiosidade inculta e ingênua. Num dado momento conseguem enfim roubar-lhe o menino. E a noite adormecida é perturbada pelo desespero de Carlito que procura o enjeitado. Com a madrugada, chupado pela dor, Carlito vai sentar-se à porta da antiga moradia. Cai nesse estado de sonolência que não é o sono ainda. Então sonha. Que sonharia? O lugar que mais perlustrara na vida, mas enfeltrado, ingenuamente enfeitado com flores de papel, que parecem tão lindas aos pobres. E os anjos aparecem. A pobreza inventiva de Carlito empresta-lhes as caras, os corpos conhecidos de amigos, inimigos, polícias e até cães. E os incidentes passados misturam-se às felicidades presentes. Tem o filho ao lado. Mas a briga com o boxista se repete. E os polícias perseguem-no. Carlito foge num voo. Mas (e estais lembrados do sonho de Descartes) agita-se, perde o equilíbrio, cai na calçada. E o sonho repete o acidente: o polícia atira e Carlito alado tomba. O garoto sacode-o, chamando. É que na realidade um polícia chegou. Encontra o vagabundo adormecido e sacode-o para acordá-lo. Este é o sonho que Celina Arnauld considera um mau poema. Como não conseguiu ela penetrar a admirável perfeição psicológica que Carlito realizou! Ser-lhe-ia possível com a mentalidade e os sentimentos que possuía, no estado físico em que estava, sonhar *pierrots* enfarinhados ou minuetes de aeroplanos! Estes aeroplanos imaginados pela adorável dadaísta é que viriam forçar a intenção da modernidade em detrimento da observação da realidade. Carlito sonhou o que teria de sonhar fatalmente, necessariamente: urna felicidade angelical perturbada por um subconsciente sábio em coisas de sofrer ou de ridículo. O sonho é o comentário mais perfeito que Carlito poderia construir da sua pessoa cinematográfica. Não choca. Comove imensamente, sorridentemente. E, considerado à parte, é um dos passos mais humanos a sua obra, é por certo o mais perfeito como psicologia e originalidade.

M. de A.

Klaxon n. 6 (15 de outubro de 1922)

Poema

Meu gozo profundo ante a manhã Sol
a vida carnaval!
Amigos
Amores
Risadas
E as crianças emigrantes me rodeiam, pedindo
retratinhos de artistas de cinema, desses que
vêm nos maços de cigarros…

Sinto-me a "Assunção" de Murilo!
Libertei-me da dor...
Mas todo vibro da alegria de viver!
Eis porquê minha alma inda é impura.

Mario de Andrade.

***

Crônicas

Música – F. Mignone

Deve gozar férias em São Paulo o compositor Francisco Mignone que atualmente aperfeiçoa seus estudos na Europa. Trouxe consigo uma opera: *O contratador de diamantes.* Tive ensejo de ouvir alguns trechos dela na Sociedade de Concertos Sinfônicos e em audição particular; e me é grato afirmar, como amigo e como artista, a boa impressão que senti.

Certamente seria o cúmulo da má vontade exigir dum músico que apenas inicia sua carreira dotes de originalidade já francamente determinada, bem como especialização de modernismo em quem ainda é estudante e caminha sob as vistas dum professor. Existe porém nos trechos que ouvi aquela chama benéfica, reveladora dos bons artistas de amanhã. Mignone desde suas primeiras obras, ainda compostas aqui, revelara uma acentuada predileção pela sinfonia. E essa predileção se acentua agora, tornando-se sim que o que mais me prendeu nos trechos ouvidos foi a parte puramente sinfônica. Nos diálogos de amor, nos monólogos de Felisberto Caldeira, embora imperfeitamente ouvidos pela transposição ao piano, sem partitura que me guiasse, desconfio que o jovem músico se deixou um pouco levar pela espontaneidade, pela facilidade melódica que possui e que em todos os tempos foi a glória e a infelicidade da escola italiana. Glória em Monteverdi, Scarlatti, Rossini, Verdi e tantos outros. Mas infelicidade porque foi uma das razões da decadência da escola napolitana, decadência essa que perdura, entre mil mudanças, apesar das investidas de Verdi, dos sinfonistas do fim do século passado, e dos modernos, com Pizzetti e Malipiero à frente. Julguei descobrir, mal encoberto, na obra vocal de Mignone o lirismo fácil e bastante vulgar dalguns compositores veristas. Satisfez-me porém e entusiasmou-me o quadro sinfônico das danças do 2º ato. Essas danças tão caracteristicamente brasileiras, pelo ritmo enervante, pela melodia melosa e sensual são uma tela forte, viva ao mesmo tempo que equilibrada. É extraordinário como Mignone está firme ao traçar essa página trepida, envolvente, entusiástica e brutal. Desaparece inteiramente a eloquência enfática dos trechos dramáticos: é eloquência vida, é sumo de fruta nacional e sensualidade de negros escravos. É admirável. Quem ainda tão moço e estudante ainda pinta sinfonicamente um ambiente com a firmeza com que F. Mignone pintou essa parte do seu *Contratador* será sem dúvida, quando encontrar Inteiramente sua personalidade, coisa que só se completa com os anos, um músico possante e feliz. Digo feliz, porque sinto uma tristeza universal pelos milhares de compositores musicais que escrevem sons sem nunca poderem traduzir num acorde ou numa melodia uma parcela mínima de beleza e ideal. Mignone será feliz.

Mario de Andrade

***

Livros & Revistas

Suave convívio – Andrade Muricy – Edição Annuario do Brasil – Rio – 1922.

Andrade Muricy reúne críticas esparsas no *Suave convívio*. Nesta visão de conjunto pode-se com mais nitidez observar sua personalidade de crítico. Com eficácia, no conjunto mais ou menos disparatado de figuras e ideias que observou, apareceu no *Suave convívio* a erudição firme e larga do autor. Muita serenidade. Muito amor. Demasiado mesmo, quando se trata de observar escritores paranaenses. Apesar disso o estudo sobre Emiliano Perneta é a melhor cousa do livro. A língua de que faz uso Andrade Muricy é familiar, sincera, agradável. Um bom livro.

M. de A.

Klaxon n. 7 (30 de novembro de 1922)

Farauto

A apalavra *FARAUTO* é neologismo criado por mim, bem como o verbo *FARAUTEAR*, seu derivado. Parece mesmo incrível que não fossem ambos inventados desde Abel e Caim.

A personagem que o substantivo representa e a ação que o verbo indica são coisas quotidianas, desde que a filharada de Eva começou a cantar poesias, esculpir pedrouços, soprar flautinhas de cana, descobrir o benefício das ervas medicinais, etc.

Mas vamos à etimologia do nome. Verão que é bem construído. *FARAUTO* compõe-se de dois substantivos: um abstrato, ou pelo menos espiritual, F.; outro concreto,

ARAUTO, senhor que existe desde as eras verdes de além-Christo, destinado a transmitir sucessos de importância. Mas não basta: *FARAUTO* lembra imediatamente *farauta*, termo usado entre os zagais do Minho, que o Snr. Coelho Netto transplantou para a língua brasileira:

> É o lobo e não a farauta
> Que te atrai ao seu algar... etc.

É possível também que Odorico Mendes já o tivesse usado. Mas há muito que não leio o tradutor das Éclogas, e o fiz em tempo moço, quando ainda não tomava notas para uma futura possível erudição. Farauta – ovelha velha, conformada com a própria senectude, de campainha ao pescoço, obediente, obedientíssima. Assim *FARAUTOS* são esses homens de casta bem determinada, anônimos, inalteravelmente anônimos, por mais que assinem com todas as letras o nome; e aos quais a Fama (por não poder mais aparecer na Terra, nesta época em que deuses e entidades simbólicas morreram) destinou o ofício de proclamar a glória e o valor dos Klaxistas. O *Farauto*, tenha 18 ou 74 anos, é velho e obediente. Mas tem voz altissonante, como os arautos medievais, porque lhes engrandece a frágil tremura do grito porta-voz da cólera e da inveja.

Farauto! Farauto:... O verbo então ainda é mais curioso. Só podem usá-lo na 1ª pessoa os inimigos dos Klaxistas, quando se refiram a estes. Ex: "Eu farauteio Menotti del Picchia". Na segunda e terceira pessoa só pode ser usado por Klaxistas. Ex: "Fulano me farauteia constantemente". Tem três significações distintas: uma no passado, outra no presente, outra no futuro. *FARAUTEAR* no passado significa roer-se de inveja. Ex: "Um grupo de galos e galinhas farauteou durante toda a Semana de Arte Moderna". No presente significa que o vulto, queira ou não queira, espalha nossa celebridade por toda parte. Ex: "Farauteio sempre os Klaxistas pelo *Jornal do Commercio*". Outro exemplo, tirado de lábios Klaxistas: "Farauto porque me farauteias". Quando no futuro *FARAUTEAR* significa morrer de raiva ante a nossa fatal ascensão. Ex: "Quando virem certos jornaleiros que nosso grupo cada vez mais argumenta e consolida, batendo a cabeça nos paralelepípedos, todos eles farautearão." De forma que, com este verbo-camelão, é perfeitamente admissível esta frase dum Klaxista, dirigida a qualquer das letras do alfabeto: "Farauteaste-me porque eu era inteligente? Pois farauteia agora meu valor às gentes do Brasil! Mas quando tua inutilidade me for absoluta, farautearás ainda, mordendo o frio chão!".

Meu "Poema", publicado na *KLAXON* n. 6, não foi compreendido pelos farautos. Duas razões ha para tal incompreensão: 1º são farautos, isto é, escravos obedientes. E nunca se imaginou que para o ato de obediência fosse necessário que os escravos compreendessem as ordens de seus donos. 2º a poesia foi escrita com sinceridade e modernidade. São duas coisas que não podem existir entre farautos – ovelhas velhas, ignaras da psicologia, acostumadas a entender só o que a métrica e a rima desfiguram. Mas porque, como Bocage, um dia me achei mais pachorrento, procurei transcrever num soneto o que dissera no "Poema". Fiz isto:

PLATÃO

Platão! por te seguir, como eu quisera,
Da alegria e da dor me libertando,
Ser puro, igual aos deuses, que a quimera
Andou, além da vida, arquitetando!

Mas como não gozar alegre, quando
Brilha esta áurea manhã de primavera
– Mulher sensual que, junto a mim passando,
Meu desejo de gozos exaspera?

A vida é boa! Inúteis as teorias!
Mil vezes a nudeza em que resplendo
À clâmide da ciência, austera e calma!

E caminho, entre odores e harmonias,
Amaldiçoando os sábios, bem-dizendo
A divina impureza de minha alma!

Os farautos podem argumentar que também não compreendem o soneto, pois desconhecem Platão. É verdade. Mas isso não impede que sejam obrigados a afirmar que o soneto é bom. E só dirão o contrário se ainda estiverem no passado do verbo farautear, se lhes perturbar o juízo a inveja sanhuda e esverdinhada. O soneto é bom, estais ouvindo? farautos... É bom mas é péssimo. É bom porque está bem feitinho (apesar daqueles três particípios presentes); não lhe falta sonoridade; é natural, não tem o ridículo de palavras e rimas emiliosas: e lá brilha a chave de oiro ao fim. Nem lhe falta mesmo aquela notazinha de sensualidade, aperitivo de velhos e crianças. Pois é péssimo, porque insincero. Não foi aquilo que senti e que deveria exprimir. (mas quem o saberia se eu o não afirmasse?) O que senti e exprimi está no "Poema": O soneto é a máscara de cera que tirei da sensação morta, e que arriei de joias e pintei de cores vivas *conhecidas*. O soneto é uma análise, intelectual e mentirosa; o "Poema", síntese subconsciente e verdadeira. O soneto só diz o que nele está e que não estava propriamente em mim. O "Poema" diz um mundo de sensações, que estiveram todas em mim. No "Poema", como no momento de vida que o inspirou, a relembrança da passagem de Platão tingiu-me apenas de leve melancolia. No soneto bendisse a impureza de minha alma, benção que não pronuncio na realidade, mas... não podia perder a chave de ouro. Não é verdade que a manhã me desse impressão de mulher sensual;

tive impressão de manhã simplesmente, mas de manhã sol (*sol* aqui é qualificativo) e por dilatação do prazer, de vida feliz, alegre, barulhenta (*carnaval* é também adjetivo). E por associação de ideias, com três palavras soltas, resumi expressionistamente, por deformação sintética, o que faz a felicidade de minha vida: "amigos, amores, risadas". E coloquei estas palavras uma sob a outra, sem pontuação, porque devem agir como um acorde: não produzem sensações insuladas e seriadas, mas sensação complexa e total. E lá estão no "Poema" os impagáveis italianinhos que nos cercavam todas essas manhãs de exercício militar, quando saíamos do quartel de Sant'Anna. "Moço, me dá um artista!" A Assunção de Murillo veio-me por associação de imagens. Mas esta linda sensação não coube no soneto e menti ao momento de minha vida, omitindo as criancinhas que o tinham embelezado, para não errar as 10 sílabas dos versos. O que pus nas 54 palavras de verso livre e na falta de perspectiva dum só plano intelectual modernista, não coube nas 88 palavras do soneto. Sei bem que, com esforço beneditino, poderia (talvez) encaixar tudo num soneto em alexandrinos. Mas arte é felicidade, é alegria, é *brinquedo*, não é misticismo nem sofrimento. E tenho pressa, farautos! Neste século, quem se atarda, longe do estéril turbilhão da vida, a repolir seus metros, perde o bonde, perde o trem: não será pontual à abertura da Bolsa ou das repartições. Mas diante da felicidade que sentia no momento que o "Poema" sugere, observei que me libertara da dor... Imediato me veio à memória o passo de Platão em que ele diz que se nos libertamos da dor e da alegria, seremos puros, iguais aos deuses. Daí a razão da leve melancolia em que o "Poema" termina, sem verso de oiro, natural, vivido, expressivo.

Mas, farautos, tudo isto é inútil para vós! Não compreendereis! Mesmo: não foi propriamente pensando em vós que escrevi a segunda parte deste artigo. Escrevi-a para os que compreendem ou procuram compreender a modernidade para vós inútil, farautos velhos! A vós unicamente um serviço destinei: comentar meus versos, insultá-los em artigalhões, reproduzi-los, para que minha fama, oh araras! mais largamente se divulgue.

Vamos! atrelai-vos depressa ao meu carro triunfal, meus farautos modestos e utilíssimos! Continuai vosso caminho, guizalhantes, anunciando, como arautos que sois, minha glória e meu valor! Além! O chicote de meu sarcasmo agiliza vossos músculos enferrujados, assim como dirijo vosso andar com as rédeas de minha ironia! Mais depressa! Áspera e longa é a montanha da glória, e a vós destinei a honrosa missão de me elevar às alturas que ambiciono! Avante! Senti como o ferro em brasa de minha *blague* cáustica vossos focinhos roscos de macróbios! Pinoteai! Não me derribareis nunca de meu carro triunfal! Sou Baco! "Eu volto da Índia!" E vós, farautos, rainhas panteras coléricas, escutai o comando do Senhor!

Mario de Andrade

P. S. – E nunca mais vos dirigirei a palavra, meus farautos. Não tenho tempo a perder convosco, pois tenho muito que escrever. Não tendes tempo para me ouvir, pois tendes muito que obedecer.

***

Crônicas

Música – João de Souza Lima

João de Souza Lima, ao partir para a Europa, deixara-me uma péssima recordação: a execução, no seu concerto de adeus, da pior Sonata Patética que é possível imaginar-se.

Isso de últimas impressões calam fundo no espírito. Recordavame do estudante que partira, talentoso, sem dúvida (vivem por aí às dúzias os talentos!) bem dirigido, mas fraco, incerto, sem virilidade nem sabedoria. Tanto mais me entusiasmou por isso a surpresa do Souza Lima de agora. É outro. O pianólatra metamorfoseou-se em Orfeu. Não acredito que por enquanto possa domar as feras... Foi prova disso um dos trechos que concedeu extraprograma. Desperdiçadamente irônico, meteu-se a executar as *Folhas mortas* de Debussy, o que fez correr um frio pelo tão erudito quão sensato público desta capital artística do mundo. No entanto, de que maneira executara o prelúdio! Um prodígio de sugestão. E principalmente: que dedos sapientíssimos esses de Souza Lima para conseguirem aquela sonoridade estranha, toda vaga e esgarçada, tão debussiniana, de que ainda não dera amostra em todo o programa!

É que Souza Lima não lança à toa seus efeitos, em lugares que lhes não competem. Pensa sobre o que vai fazer. É artista antes de ser artesão. Aquelas *Folhas mortas* foram uma luz que me elucidaram sobre todo um admirável aspecto de seu talento. Afirmo que penetrou intimamente a personalidade de Debussy. Soube dar-nos deste duas faces quase contrárias: o feiticeiro estilizador de sensações no prelúdio; e o piedoso, um pouco irônico amador de crilas, nos trechos da *Boite* à *joujoux* – que o público, que fora ao teatro, com franqueza, só para aplaudir, aplaudir cegamente e voltar para casa satisfeito de ter parido um gênio, subdividiu por meio de ignaras palmas.

Em todo caso, seja dito, para honra do público, que as três pequenas peças não se continuam no bailado. Mas uma censura cabe também ao pianista. Confeccionou um programa fragmentário e dispersivo. Por que dar um tempo de sonata, e não executá-la toda? É só passarmos de Weber para Beethoven para se perceber o mau gosto da levianda-de. E do *Poema do mar* de Samazenilh executou apenas o final. Acredite Souza Lima que as poucas pessoas que foram ao Municipal, não por fome de aplaudir e curiosidade de ver um 1º prêmio do Conservatório de Paris, sacrificariam gostosamente o tão rapsódico como postiço Grovlez, para ouvir os acordes de abertura e toda a prata líquida que Samazenilh derramou no *Luar sobre as ondas.*

Desde que Souza Lima iniciou o programa, sentia-me atraído pela *musicalidade* de sua execução.

É surpreendente. Será muito breve grande intérprete dos clássicos e dos modernos. Como desejaria ouvi-lo em Mozart! Mas num aspecto já é grandíssimo: a técnica. Não que tenha rapidez dum Friedman ou suavidade dum Risler. Geralmente os virtuose mostram desde logo uma ou duas qualidades técnicas salientes, muito superiores às demais. Com Souza Lima, apesar de estudante ainda, isso não se dá. Não é impecável, mas possui todas as qualidades téc-nicas desenvolvidas harmoniosamente. E por isso é já ex-traordinário, fora, acima do comum. Pianista desenvolvido por igual, não é especialista em escalinhas ou tremeliques lisztianos, porque, desde a pedalização até a sonoridade, vai se aperfeiçoando simultaneamente em todos os requisitos técnicos para conseguir assim essa coisa rara: a harmonia de qualidades que faz o artista sereno o perfeito.

Mas agora quero dizer por que Souza Lima é Orfeu que ainda não pôde domar feras. Falta-lhe maior dose de humanidade de profundeza, de sensibilidade heroica e trá-gica. Brilha já, mas ainda não perturba, não revoluciona as almas. Minto. Perturbou-me divinamente à entrada do coral, em Liszt. Senti-me subir. Foi admirável. Mas infelizmente conduziu o estudo de Chopin, como se fora um estudo e nada mais. Foi aluno, aplicadíssimo sem dúvida, capaz de sutilezas dinâmicas arrojadas e perfeitíssimas, mas não fez reviver a tragicidade que Chopin deu àquela obra sua. E nem reviveu a aspereza impetuosa do Scherzo.

Souza Lima é muito moço ainda. Tenho certeza de que adquirirá essa profundeza que lhe carece por agora. E que não adquira, será grande o mal?

Vou ao concerto para me comover. Não há dúvida. Mas para me comover na *ordem artística* e não na *ordem natural*. Misérias da vida, acho-as quotidianamente junto de mim, para, além das minhas ter de chorar as fáceis lágrimas de Chopin, as cóleras de Beethoven, os sarcasmos de Schumann. As comoções de ordem artística sublimam e elevam. Da combinação de sons, que isto é a música (deixemo-nos de complicações metafísicas) nascem dentro de mim comoções ideais, sensações frenéticas, suaves, báquicas ou puras, gráceis ou severas que me fazem vibrar, mas desprendido do mundo. Eis por que amo Bach e o Beethoven da 1ª e 3ª fases principalmente. Eis por que adoro Mozart. Eis por que gosto dos modernos e do maxixe de Nazareth.

O que fui procurar, no seu concerto, Souza Lima deu-me com fartura, isto é, a MUSICALIDADE. Por isso afirmei mais atrás que breve será grande intérprete de clássicos e modernos. Não é sentimental, graças a Deus! Acredito pois que nos românticos não atingirá nunca a plenitude de sua personalidade. Como é lindo meu prazer, neste momento, em aplaudir Souza Lima, grande e corajoso *primeiro intérprete brasileiro* que soube quebrar as cadeias de pegajoso sentimentalismo a que azarentamente nos fadou o ocasional enlace das "três raças tristes"!

Muito bem.

Mario de Andrade

***

Livros & Revistas

Epigramas irônicos e sentimentais – Ronald de Carvalho – Annuario do Brasil – 1922.

Desconheço *Luz gloriosa*, primeiro livro de poesias de Ronald de Carvalho, e ao qual, segundo ilustre opinião, estes versos novos se ligam. É inegável porém que grande evolução adianta os Epigramas dos *Poemas e sonetos* de 1919, livro muito bem feito, mas de pouco vigor e originalidade. Esse oscilar duma para outra orientação demonstra Ronald como o insaciado, o curioso, à procura da expressão, a qual, livre de preconceitos e escolas, corresponda a ele, poeta – homem do seu tempo, de sua raça, de seu país. Agora, pelo vigor e segurança de sua nova poesia, creio que Ronald de Carvalho encontrou a forma e as tonalidades em que mais poderá dizer de si mesmo e de seu tempo. Mais de si que de seu tempo; mais de sua raça que de seu país. E por ter criado um ritmo "grave, límpido, melancólico", mais de flautas e harpas que de bronze e pedras, mais de colunas risonhas que de severas, mais de estátuas celinianas que de mármores de Miguel Anjo, ritmo de maretas praieiras mais que ritmo de vagalhões do largo ou de montanhas, enfim por ter criado seu ritmo, criou um mundo: *Epigramas irônicos e sentimentais*.

Ronald é um contemplativo silencioso. Desagrada-lhe porventura o tumulto da vida moderna. Por isso sua poesia não objetiva propriamente a vida moderna, senão as consequências espirituais que dela se possam tirar. Assim: vive todo imerso nessa filosofia atualíssima, cujo representante principal no Brasil é o Snr. Graça Aranha, e que para mim nada mais significa que uma profecia arrojada e fácil, prematuramente tirada do progresso de certas ciências experimentais, principalmente da psicologia e da fisioquímica: o homem, livre do bem e do mal, considerado como uma das muitas polias desse maquinismo sem Deus, o Universo criador e transformador de energias intrínsecas. Junte-se a isso uma leve influência de Omar Khayyam. Estas as influências exteriores que determinam a orientação principal da filosofia de Ronald. O que lhe é pessoal: a doce ironia que não fere; uma piedade imensa, que demonstra quanto o poeta sofreu no combate das ideias; e a melancolia, a melancolia cansada, carrilhão crepuscular, talvez única nota amarga do livro. Essa melancolia, que é preciso não confundir com penumbrismo, a todo momento se relembra nos versos e determina no poeta minutos de cisma, como em "Elegia", "Este perfume", "Noite de São João" e esse maravilhoso "Sonho duma noite de verão", tão imensamente cheio de vazio que se tem, ao lê-lo, a impressão tangível, física da vacuidade.

E, pois que falei em penumbrismo, faço já a única restrição que o livro me sugere. Laivos de penumbrismo, verdadeiras estrias cinzentas num mármore cor de rosa, deslutram aqui e além várias páginas dos *Epigramas*. Irrita-me especialmente esse "Noturno sentimental", artificioso, sem verdade, sem sentimento, sem comoção. Outras páginas ainda poderia citar. Poucas, felizmente. A mim, pouco me incomoda que um poeta ame o silêncio e o outono. O que quero é que viva seus versos, que seja poeta. Poderá ser uma antipatia pessoal, mas isso de repuxos ao luar, cheiram de longe a mofos de jardins de infantas transplantados para este meio sem tradição, luxuriante de luzes e perfumes tão vivos que chegam a doer. (Nas constantes citações de frutos e coisas nacionais, sente-se que Ronald delas percebe muito mais a áspera crueza, que a sensualidade forte pouco adaptável ao seu temperamento. Por isso disse mais atrás que representa mais sua raça, pois tem clareza e senso de proporções, que seu pais.)

Ronald de Carvalho, com os *Epigramas*, filia-se à onda dos cultores do verso livre e da rima livre. Sob esse aspecto seu livro é duma modernidade excepcional para o Brasil – país em que os rubricados pelo Ministério das Glórias e Celebridades estão voltando a Castro Alves, a Fagundes Varela, quando não repetem Bilac e o Snr. Alberto de Oliveira. Mas, apesar dessa liberdade, Ronald não representa toda a ânsia e tortura dos modernistas.

Assim: enquanto estes se debatem, se ferem, tombam, talvez morrem na esperança de exprimir a atualidade, Ronald, no Rio, como Guilherme de Almeida em São Paulo, tem a ventura de encontrar a perfeição, que só pode existir dentro da serenidade. Apesar de sua grande erudição, (que aliás apenas se percebe florida em lirismo sem ressaibo de pedantearia) coordena suas inquietações, suprime-as, desdenha fórmulas e pesquisas estéticas; não o preocupa a expressão mais integral possível do subconsciente, antes objetiva reações intelectuais; não se debate no mundo das imagens, angustiado, porque as vence e subjuga para com elas esculpir seu lirismo intelectual. É fortemente expressivo, sem ser expressionista. Não deforma: analisa. É grego ou renascente; não é negro nem egípcio. É mesmo um passadista, sob esse aspecto. Que lhe importa se é maravilhoso? Como recompensa de tanta independência, não terá o horror de ver sobre o busto de Palas a sombra dos espantalhos, com que, na sua fábula impiedosa, Couto de Barros desenhou meu lar de poeta. Ronald de Carvalho conseguiu, desde filiado à corrente modernista, apresentar um livro clássico, numa época de construção, em que os erros se equiparam, em número e tamanho, às verdades infantes.

A mim não me preocupa esmiuçar cuidadosamente todas as perfeições e qualidades que se encerram nos *Epigramas*. As grandes obras contêm sempre uma lição geral que abafam todas as que se possam tirar dos pormenores. Insisto portanto em chamar de clássico ao novo livro de Ronald de Carvalho. Tem tudo o que determina essa grandeza. Sem exageros de purismo é duma perfeição linguística notável. Reflete seu tempo nas teorias filosóficas, nas conquistas estéticas já definitivas, e no orgulho brincão deste país que se sabe predestinado, mas que ainda não meditou bem sobre a grandeza que lhe pôde reservar o futuro. É uma obra cristalina, clara, característica, bem raçada, genuinamente latina. É serena, inteligente, comovida. Humana e pessoal. É livro que devia criar escola porque é exemplar. É UMA OBRA CLÁSSICA.

Temo que comecem a duvidar de tantos elogios. Tanto me rio dos outros que pensarão talvez descobrir ironias nisto que escrevo. Elas não existem aqui. Reli, quem sabe? umas 10 vezes os *Epigramas irônicos e sentimentais*. Estas linhas exprimem a sinceridade de longa reflexão. Um pouco ásperas no seu elogio cru. Que querem? Foi o meio de descarregar um pouco minha admiração sobressaltada ante esse livro admirável.

M. de A.

***

Klaxon n. 8-9 (dezembro de 1922-janeiro de 1923)

POEMA ABÚLICO

A Graça Aranha

Imobilidade aos solavancos.
Mário, paga os 200 réis!

Ondas de automóveis
      árvores
      jardins.

As maretas das calçadas vêm brincar a meus pés.
E os vagalhões dos edifícios ao largo.
Viajo no sulco das ondas
                    ondulantemente...
Sinto-me entre mim e a Terra exterior.
              TERRA SUBCONSCIENTE DE NINGUÉM
            Mas não passa ano sem guerra!
            Nem mês sem revoluções!
Os jornaleiros fascistas invadem o bonde, impondo-me
a leitura dos jornais.
            Mussolini falou.
                  Os delegados internacionais chegaram a Lausane.

                  Ironias involuntárias!
Esta mulher terá sorrisos talvez.
            Pouca atração das mulheres sérias!
            Sei duma criança que é um Politeama de convites,
de atrações.

As brisas colorem-me os lábios com as rosas do Anhangabaú.
Sol pálido chauffeur japonês atarracado como um boxista.
                  Luz e força!
            Light & Power
Eu sou o poeta das viagens de bonde!
Explorador em busca de aventuras urbanas!
Cendrars viajou o universo vendo a dança das paisagens.
Viajei em todos os bondes de Pauliceia!
Mas em vez da dança das paisagens,
contei uma por uma todas rosas paulistanas
e penetrei o segredo das casas baixas!

                  Oh! quartos de dormir!
                  Oh! alcovas escuras e saias brancas de morim!
                  Conheço todos os enfeites das salas de visitas!
                  Almofadas do gato preto;
                  lustres floridos em papel de seda.

Tenho a erudição das toalhas crespas de crochê,
sobre
o mármore das mesinhas e no recosto dos sofás!
Sei de cor milhares de litografias e oleogravuras!
Desdêmona dorme muito branca
Otelo, de joelhos, junto ao leito, põe a mão no
coração.
Have you prayed tonight, Desdemona?
E os bibelôs gêmeos sobre os pianos!
A moça está de azul
Ele de cor de rosa...
Valsas lânguidas de minha meninice!
Em seguida: Invasão dos Estados Unidos.
Shimmyficação universal!
O foxtrote é a verdadeira música!
Mas Liszt ainda atrai paladares burgueses.
Polônias interminavelmente escravizadas!
Paderewski desiludiu-se do patriotismo e
voltou aos aplausos internacionais...
Como D'Annunzio.
Como Clemenceau.
Os homens que foram reis hão de
sempre acabar fazendo conferências?!.
Mas para mim os mais infelizes do mundo
são os que nascem duvidando se são turcos ou gregos.
franceses ou alemães?
Nem se sabe a quem pertence
a ilha de Martim Garcia!.
HISTORIA UNIVERSAL EM PEQUENAS
SENSAÇÕES
Terras-de-Ninguém!. .
. como as mulheres no regime bolchevista.
No entanto meus braços com desejo de peso de corpos.
Um torso grácil, ágil, musculoso.

Um torso moreno, brasil.
Exalação de seios ardentes.
Nuca roliça, rorada de suor
Uns lábios uns lábios preguiçosos esquecidos n'um beijo
de amor.
Crepito.
E uma febre.
Meus braços te agitam.
Meus olhos procuram de amor.
Sensualidade tem motivo.
É o olor óleo das magnólias no ar voluptuoso desta rua.

Dezembro – 1922.

Mario de Andrade

***

Crônicas

O homem e a morte – Menotti Del Picchia – Monteiro Lobato & Cia. – S. Paulo – 1922.

O movimento revolucionário artístico que se acentuou, há coisa de dois anos, com a definitiva feição tomada por certos moços de S. Paulo, teve seu Messidor neste ano do Centenário. Ronald de Carvalho deu-nos, no Rio, seus *Epigramas irônicos e sentimentais*. Oswaldo de Andrade apresentou *Os condenados*. Agora é a vez de Menotti Del Picchia com *O homem e a morte*. Lastimo sinceramente que *As canções gregas* de Guilherme de Almeida não possam aparecer ainda este ano. A tetralogia completa das grandes obras que modificarão certamente a fisionomia das letras indignas teria aparecido no período fechado dum ano; e bem poderíamos em 2022 celebrar o 1º Centenário de nossa independência literária.

E digo "independência" pensadamente, certo do que digo: embora saiba que estas obras claramente se ligam a feições modernas da literatura universal. – Então é dependência! – Não. Antigamente imitávamos a literatura francesa com uma distância de mais ou menos duas gerações. Agora estamos com o presente da literatura universal. Não é mais seguir. É ir junto. Não é imitar. É coadjuvar. Independência pois.

Alguns pensarão que, por modéstia, não citei *Pauliceia desvairada*... Não citei porque não devia citar. *Pauliceia* (como aliás imagino que será toda a minha obra) tem um aspecto tão especial, tão desvairado, tão *extra*, que não pode ter um efeito plausível numa renovação. Seu caráter selvagem, orgulhosamente pessoal tira-lhe essa expressão de humanidade, de coisa universal, cósmica, que permite desenvolvimento, assimilação. É uma obra à parte. Pode-se seguir o curso dos dois. Seria uma tolice pretender acompanhar a estrada dos meteoros. Seria propositadamente dar à própria obra motivos de caducidade, de efemeridade desumana e ridícula. Só os sóis podem iluminar e fecundar.

Entre estes: *O homem e a morte* de Menotti Del Picchia. Como estamos longe da literatura francesa! Se fosse preciso dar um *pedigree* ao *Homem e a morte* só entre as literaturas místicas (no sentido moderno da palavra) do norte e do sul europeu, da Alemanha e entre alguns escritores da América espanhola, encontraríamos a fonte dessas páginas magníficas. Mesmo entre aqueles que modernamente poderíamos chamar de místicos, na literatura francesa, Menotti a eles se aparenta unicamente por esse caráter comum duma construção filosófica científica, mais propriamente sentimental que intelectual. No resto: mais nada de francês. Aquela clareza, aquela autocrítica, aquele senso de proporções, aquele bom gosto distinto, um pouco envergonhado, que faz da literatura francesa a mais regimentada que existe...

Nada disso. O lirismo desordenado; a violência de impulsões subconscientes altamente populares; o otimismo (até para a dor) que cria desde a risada grossa imperturbável até as decoladas cóleras eloquentes; o misticismo irregular que tomba da mais alta espiritualidade à mais rústica crendice; e, finalmente, esse gosto taurino do vermelho, das cores fortes, das imagens afastadas, catedralescas, deslumbradoras.

Ora ninguém negará que se um dia existir um espírito brasileiro, como existe um espírito egípcio, um espírito grego, um espírito russo, esse brasileiro espírito será muito dissemelhante do francês. O que forma um *espírito*, muito mais que uma simpatia, mesmo generalizada, ou três ou quatro personalidades insuladas, é fundamento racial e mais o clima, os aspectos e recursos da terra, o modo de viver. E nada mais dissemelhantes nesse ponto que a França herdeira e o Brasil aventureiro e *arrivista*.

Menotti Del Picchia é duma verborragia altissonante e eloquente. Cansativo mesmo. Nada da sutileza desse estilo tão esperto na sua composição que parece comum e que não cansa. Quem lê Anatólio France tem a impressão de ouvir uma música divina que ele, leitor, poderia ter criado. Quem lê Machado de Assis, não lê, conversa. Quem lê Proust, não lê, pensa. Menotti não. Como Alencar, como Flaubert, como D'Annunzio, impõe-nos seu estilo. E elevamo-nos a alturas tropicais. Há cataratas e perobas. Noroestes e tempestades. Amazonas e Itatiaia. É esplêndido. Mas cansa, como a paisagem ingente acabrunha. Não há nesta adversativa a verificação dum defeito, propriamente. Observo o efeito duma tendência. E tendência natural, racial e legítima. Já disse uma vez que por esse lado da impetuosidade, da magnificência, a literatura brasileiramente brasileira se diferençaria de sua irmã portuguesa. Alegro-me por ter junto de minha opinião a de Gilberto Amado.

Menotti é um reflexo da natureza do país. Faz parte da natureza do Brasil. É um cerne hirsuto, de folhagem luxuriante, de florada entontecedora e frutos capitosos. Assim compreendo a eloquência da quase totalidade das páginas do *Homem e a morte*. É o que há de mais legitimamente natureza do Brasil. Creio que por esse lado Menotti adquiriu a definitiva posse de sua pena. Senhoreia-a numa dicção admirável e possante. É pena que não observa com mais crítica as páginas que esculpe com tanta franqueza. Extirparia do livro pequenos descuidos de expressão que, se não chegam a afear a estonteante beleza da obra, por várias vezes quebram o êxtase do leitor.

Nesse estilo brilhante e sonoro expande-se o lirismo mais extraordinário que nunca se registrou em língua brasileira. Dotado duma imaginativa fecundíssima, são corimbos e corimbos de imagens deslumbrantes que faz espocar como fogos de artifício. Mas Menotti não escreve só pelo prazer de criar imagens. No meio turbilhonante delas há qualquer coisa que as justifica e une e faz pensar. Há ideia. Cerros criadores de imagens são verdadeiros fogueteiros. Deslumbram. Mas o fogo termina. E nada fica para se pensar. Sente-se a noite mais negra e mais vazia.

A construção do *Homem e a morte* é motivada por concepções místico-panteístas, cujo maior mérito é permitir ao poeta surtos de lirismo transbordante e explosivo da mais extasiante beleza. É curioso notar-se como Menotti se aproxima da tese panteísta em torno da qual o inglês Algernoon Blackwood construiu seu *Jardim de pau*. Se não tivesse a certeza de que Menotti desconhece Blackwood, diria que *O homem e a morte* inspirava-se nos contos "Nostalgia do mar" e "O homem que as árvores amaram" do livro citado. Menotti porém está muito acima do contista inglês nesse sentido que expõe e defende uma tese curiosíssima.

Quanto ao Homem poderá dizer-se que é filho legítimo das teorias de Freud. Todas as suas fantasias, suas estranhas concepções místicas, produ-las o Homem na exaltação do amor. Disso provém talvez a forte atmosfera de realidade em que se move, e em que reside sua verdade psicológica.

Mas Menotti nem disso precisava para fazer viver sua personagem, pois é dotado dum extraordinário poder criador, que impõe sua realidade sem que lhe seja necessário observar a *realidade* universal. Por mais afastada que seja desta realidade universal uma obra sua, Menotti imprime-lhe uma tal convicção, tão enérgica vitalidade que ela se torna frementemente real. Só os fortes podem assim agir.

Certas obras muito perfeitas dão-nos uma impressão de teatro. Há sempre a poltrona que o leitor comprou e a ribalta iluminada que nos separa da ação. Mas com Dante, por exemplo, *descemos* ao Inferno. Ninguém até hoje deixou de acreditar em Ariel, lendo a *Tempestade*. Toda a gente luta com o índio de *I-Juca Pirama*. Mas ninguém acreditará na Sexta de Nero. É que "poder-se-á chamar de obra sincera àquela dotada de força bastante para dar realidade a ilusão", como diz Max Jacob.

Cito propositadamente em aplauso a Menotti Del Picchia um desses modernistas franceses que ele costuma levianamente ridicularizar nas suas crônicas sentimentais. E afirmo: levianamente, porque Menotti muito pouco os leu para ter sobre eles juízo seguro.

Mas voltemos à força criadora do autor. É extraordinária, já disse. Ele pouco se importa, em *O homem e a morte* com a realidade existente, ou, por outra, conhecida. Sobrepõe a ela a sua realidade interior delirante e maravilhosa. Sua São Paulo é um fulgor. Seus ambientes fantásticos e atraentes. Mas impossível discutir a veracidade deles. O artista criou e nos apresentou sua S. Paulo, seus ambientes, impondo-os com a torrente persuasiva do seu lirismo e com o seu formidável poder criador.

Nessa paisagem real o Homem amou Kundry e sofreu por ela; percebendo só no fim de curta vida que ela era a Morte. E quem lhe conta esta verdade? É o Espírito da Vaia.

O Espírito da Vaia!... Um livro horrível, que tivesse dentro de si essa criação, seria uma obra imortal. Quatro páginas apenas, sóbrias, enérgicas, sublimes! O diabinho, emissário de filosofias moderníssimas (e também antiquíssimas, oh manes de Anaxágoras!) põe-se diante do Homem e ri-lhe na cara de todo o misticismo que este criara na sua desregrada sensualidade. "O mundo não passa duma projeção cerebral, assobia ele. Kundry... É uma mulher? É uma ideia? Será uma coisa viva? Se Kundry é uma coisa viva ela deve ter uma morte. Experimenta destruí-la; assim possuirás a certeza de que ela vive".

Não sei por que Menotti fez o Espírito da Vaia aparecer num sonho do Homem. Não é verdade. Esse filho da inquietação contemporânea tem existência real. Anda a nosso lado, com suas formas aduncas, verde-pálidas. Aparece em todos os prazeres, glórias, trabalhos, dores, exultações. E Menotti deu-lhe a imortalidade em algumas das mais inesquecíveis páginas da literatura nacional.

É preciso distinguir entre os criadores artistas, os que mais se preocupam com a Arte e os que mais se preocupam com a vida – elemento originário da arte. Aqueles tornam-se na quase totalidade artistas de elite. Estes atuam mais poderosamente sobre as massas. Se ambas as classes são igualmente beneficiadoras da beleza, sob o ponto de vista humano, os artistas da Vida são mais fecundos que os artistas da Arte. Os artistas da Arte são gozados pelo pequeno número. Os da Vida tornam-se mandatários e reis. Vejo Menotti entre os últimos. Moisés. Jucá Mulato. Pão de Moloch. A Mulher que pecou. Possui uma força tal, uma tal eloquência persuasiva, um brilho tão diurno, um otimismo por tal forma popular que poderá conduzir as multidões. Se criar, pregar, desenvolver (verso, prosa ou ação – sempre poemas) uma teoria, uma orientação política e social, creio que reproduzirá entre nós a influência dum Tolstói, dum D'Annunzio, dum Barrès.

Mas que Menotti se precate contra a gente da terra. Bilac também gritou um lindo gesto. Aurora! Erupção! Trabalho! Gritaria. E o crepúsculo rápido. E a noite geral. E uma lua fria, vagabunda pelo céu. Liga Nacionalista. O melhor será mesmo não adquirir essas pretensões. Continue a dar-nos obras magistrais como *O homem e a morte*.

M. de A.

***

Martins Fontes – Arlequinada – Edição do Instituto D. Esch. Rosa – Santos – 1922.

O alaridal dr. Martins Fontes, mãe dos poetas brasileiros (expressão, segundo me comunicaram, do próprio médico) publicou com pequeno intervalo dois trabalhos de feição totalmente diversa: *Marabá* e *Arlequinada*. Deixo o primeiro poema para dia de mais pachorra. Praz-me agora dizer unicamente de *Arlequinada* – "fantasia funambulesca mimo".

Há um passo realmente engraçado no poema. Arlequim "cantareja":

> Mamam os filhos, às vezes
> sem parar, sem ter canseira.
> Mamam na mãe nove meses
> e no Pai a vida inteira.

Para mim o distinto esculápio quis aludir à sua própria Musa, palreira e espavental. Com efeito, a Musa do dr. Martins Fontes ficou a mamar nos seus pais, "Banville e Mendes gloriosos" e mais Edmond Rostand. Sentiu-se tão bem assim, farta, bifarta, centifarta, multifarta, que não se preocupou de ir para diante; e lá ficou, atrasadota, ramerrâmica e pernóstica a sugar e ressugar as murchas mamas dos aludidos pégasos.

Era pois natural que a pimpante dama exultatriz sentisse, ao chupar tais mamas simbólicas e alcoólicas, as eólicas estrambólicas, sonambúlicas e não-me-amólicas, cuja explosão floriz, resultatriz deu às letras nacionais a glória imarcescível, incrível e plausível de *Arlequinada*.

A carreira ascensional do dr. Martins Fontes está inegavelmente concluída. Depois destas duas obras colossais com que fogo-de-artificiou o Centenário Independentriz e brasilial, só um posto resta ao alaridal *diseur*: a AKademia; só uma folha o merece: a *Revista de Língua Quinhentista Portuguesa*. Com efeito: Conhecimento nítido e louvável da língua. Vocabulário extensíssimo. Habilidade fora do comum em construir neologismos regulares. Espírito também regular. Instrução também regular. Mas tudo isso somado, multiplicado não dá Poesia, oh não!

Como profissional do verso medido o popular médico decaiu. Há em *Arlequinada* uma porção de alexandrinos fragílimos. E, o que é pior, batidos, martelados. O hemistíquio ribomba, nítido, implacável. É sem dúvida o entusiasmo pela lusa poetice guerrajunqueiriz e juliodantal que lhe roubou a saborosa elasticidade que o alexandrino adquirira no Brasil. Quanto às rimas... são desesperadoramente esperadas.

Quando Arlequim aparece, quis o Dr. Martins Fontes meter-se em versos de metro vário. Foi um desastre. Raro conseguiu um ou outro efeito rítmico interessante. Desiluda-se o aplaudido alópata. Continue no alexandrino e no octossílabo que são mais fáceis. Deixe o ritmo dos versos de metro vário para os poetas. Este gênero requer uma sensibilidade finíssima, que o dr. Infelizmente não possui. Possui, e em abundância, essa rima rica da sensibilidade que se chama a sentimentalidade.

Provou-o sobejamente em *Marabá* – mulatinha nua, enfeitada de penas, com a qual o corajoso dr. teve em pleno salão de festas no Palácio da Paz, em Haia, diante de quatro damas educadíssimas, um colóquio amoroso e beijocal. Com franqueza: é sentimentalismo que confina à indecência.

Como fazem mal as Musas aos doutores! Homens honestos, bem educados, até simpáticos; cidadãos, enfim, dos quais o Brasil espera que cumpram seus tão claros deveres... Mas lá começam as Musas a mamar o leite, nem sempre digestivo, dos pais e é isso: os doutores enegrecem suas carreiras burguesas, digníssimas com a fábrica toliz, bobiz, chinfrim e chafariz das arlequinadas.

É HORRORAL, ABRENUNCIAL, e VADERETRIZ!

Força é pois vaiar, flaufiauizar, batatizar, ovopodrizar nestas linhas tão alaridal mamata.

Mario de Andrade

Este livro foi composto com tipografia Adobe Garamond Pro e impresso em papel Off-White 80 g/m² na Formato Artes Gráficas.